„Wenn Schlachthäuser Wände aus Glas hätten, wäre längst jeder Vegetarier! Wir haben ein besseres Gewissen, wenn wir zu den Qualen der Tiere nicht auch noch selber beitragen."

– Linda McCartney

„Ich habe Kinder und Jugendliche durch Gehirnwäsche dazu gebracht, Unrecht zu tun. Ich möchte mich bei ihnen allen dafür entschuldigen, dass ich mich Konzernen dienstbar gemacht habe, die durch den Mord an Tieren Millionen verdienen."

– Geoffrey Giuliano, Hauptdarsteller der Werbefigur Ronald McDonald in den 80er Jahren, in einer öffentlichen Erklärung, nachdem er seinen Job gekündigt hatte.

„Nichts kann die Chance für das Überleben der Menschheit mehr steigern als der Schritt zur vegetarischen Ernährung."

– Albert Einstein

„Die Fleischindustrie gibt hunderte Millionen Dollar für Werbung aus, um der Öffentlichkeit ein falsches Bild vorzugaukeln. Doch all ihre Lügenpropaganda kann den Fleischverzehr nicht rechtfertigen. Die Fakten sind absolut klar: Fleischessen schadet der Gesundheit, hat katastrophale Folgen für die Umwelt und ist für die Tiere ein lebendiger Alptraum."

– Chrissie Hynde, Singer-Songwriter der Pretenders

„Du hast den Menschen als den König der Tiere bezeichnet – ich würde sagen: König der Raubtiere, unter denen du das größte bist! Denn hast du sie nicht getötet, damit sie dir zur Gaumenbefriedigung dienen, wodurch du dich zum Grabe aller Tiere machst? Erzeugt die Natur nicht genug pflanzliche Nahrung, mit der du dich sättigen kannst?"

– Leonardo da Vinci

„Tausende sogenannter Tierfreunde führen sich ein- oder zweimal täglich das Fleisch von Lebewesen zu Gemüte, denen alles, was ihr Leben hätte lebenswert machen können, vorenthalten wurde und die die entsetzlichen Qualen und den Horror der Schlachthäuser durchmachen mussten."

– Dr. Jane Goodall, Umweltschützerin und Primatologin

Werke von
Śrī Śrīmad A. C. Bhaktivedanta
Swami Prabhupāda

Bhagavad-gītā wie sie ist

Śrīmad-Bhāgavatam (Canto 1–10.1)

Śrī Caitanya-caritāmṛta

Kṛṣṇa – Die Quelle aller Freude

Der Nektar der Hingabe

Die Lehren Śrī Caitanyas

Die Lehren Königin Kuntīs

Die Lehren Śrī Kapilas

Die Schönheit des Selbst

Bewußte Freude

Leben kommt von Leben

Im Angesicht des Todes

Bhakti-Yoga – Der Pfad des spirituellen Lebens

Der Nektar der Unterweisung

Śrī Īśopaniṣad

Jenseits von Raum und Zeit

Vollkommene Fragen, vollkommene Antworten

Bhakti – Der Wandel im Herzen

DER *höhere* GESCHMACK

Einführung in die vegetarische Gourmetküche und eine karmafreie Ernährung

Auf der Grundlage der Lehren von

Śrī Śrīmad
A. C. Bhaktivedanta Swami
Prabhupāda

Gründer-Ācārya der Internationalen
Gesellschaft für Krishna-Bewusstsein

THE BHAKTIVEDANTA BOOK TRUST

Für Informationen über den Inhalt dieses Buches
wenden Sie sich bitte an eine der folgenden Adressen:

Deutschland

ISKCON Deutschland-Österreich e.V.
Aarstrasse 8, 65329 Burg Hohenstein
Tel. +49 (0)6120 90 41 07
info@iskcon.de • www.iskcon.de

Schweiz

Sankirtan-Verein
Bergstrasse 54, 8032 Zürich
Tel. +41 (0)44 262 37 90 • Fax +41 (0)55 533 01 85
sa-ve@pamho.net • www.krishna.ch

www.krishna.com
www.bbtmedia.com

FSC www.fsc.org MIX Papier aus verantwortungsvollen Quellen FSC® C006701

Übersetzung: Gaurāṅga Dāsa
Rezepte: Kūrma Dāsa
Redaktionsleitung: Govinda Mādhava Dāsa
Farbige Illustration: Rāmadāsa Abhirāma Dāsa und Dhṛti Dāsī

ISBN 978-91-7149-503-7

The Higher Taste (German)
Printed in Germany, 2014

Dieser Titel ist in allen eBook-Formaten kostenlos
auf www.bbtmedia.com/de erhältlich.
Code: **EB16DE52435P**

Wir widmen dieses Buch unserem
geliebten spirituellen Meister, Śrī Śrīmad
A. C. Bhaktivedanta Swami Prabhupāda,
der die transzendentalen Lehren
Śrī Kṛṣṇas in die westliche Welt brachte.

Inhalt

Einleitung

Ob aus gesundheitlichen, ökonomischen, ethischen oder religiösen Gründen – Millionen von Menschen in aller Welt werden Vegetarier. Laut einer Umfrage des Forsa-Instituts im Jahr 2001 leben in Deutschland 6,5 Millionen Menschen vegetarisch. Das sind rund 8 Prozent der Bevölkerung – und zwar 13 Prozent der Frauen und 3 Prozent der Männer. In Großbritannien und den USA wurden 10 Prozent ermittelt, wobei in Großbritannien wöchentlich rund 5000 Menschen auf die vegetarische Ernährungsweise umsteigen. In Europa folgen auf Großbritannien und Deutschland: Italien mit 5 Prozent, die Niederlande mit 4,3 Prozent sowie Österreich und die Schweiz mit je 4 Prozent.

Der englische Originaltitel, *The Higher Taste,* gehört seit über 20 Jahren zu den meistverkauften Grundlagenwerken über Vegetarismus und ist nun auch in deutscher Sprache erhältlich. Für die englische Neuausgabe wurden die einleitenden Kapitel aktualisiert, und der Kochbuchteil besteht aus völlig neuen Rezepten, darunter eine Auswahl exquisiter veganer Speisen und etliche fettarme bzw. fettreduzierte Gerichte.

In *Der höhere Geschmack* finden Sie einige der Gründe, warum Menschen aufhören, Fleisch zu essen. Darüber hinaus stehen Ihnen über fünfzig vegetarische Gourmetrezepte zur Auswahl. Sollten Sie jemals gedacht haben, Vegetarier zu sein hieße, mit gedämpftem Gemüse und kalten Salaten Vorlieb nehmen zu müssen, dann werden Sie nun eine Überraschung erleben. In *Der höhere Geschmack* werden Sie lernen, wie man nahrhafte, verführerisch köstliche und bekömmliche Speisen aus aller Welt zubereitet. Gönnen Sie sich einen Einblick in die Kochkünste Lateinamerikas, Europas, Asiens und des Nahen Ostens.

Über den Titel

Wer seine Lebensqualität verbessern möchte, für den ist die Zubereitung seiner Mahlzeiten ebenso wichtig wie die dafür verwendeten Zutaten. Die Tätigkeit des Kochens kann – im geeigneten Bewusstsein – so befriedigend und gesundheitsförderlich sein wie jede andere Form der

Meditation. In der *Bhagavad-gītā,* dem alten Weisheitstext der Inder, erklärt Śrī Kṛṣṇa: „Wenn mir jemand mit Liebe und Hingabe ein Blatt, eine Blume, eine Frucht oder etwas Wasser darbringt, werde ich seine Gabe annehmen." Die Anhänger der *Bhagavad-gītā* wissen, wie zufriedenstellend es für das Herz ist, wenn man reine, natürliche vegetarische Nahrung dem Höchsten opfert. Das Kochen wird auf diese Weise zum Yoga. Das ist es, was wir mit dem „höheren Geschmack" meinen.

Die Logik des Vegetarismus

In den einleitenden Kapiteln dieses Buches werden die philosophischen Standpunkte von spirituellem und ethischem Vegetarismus behandelt.

Das erste Kapitel zeigt auf, welche Verbindung die moderne medizinische Forschung zwischen Fleischkonsum und tödlichen Krankheiten wie Krebs und Herzerkrankungen sieht. Das zweite Kapitel entlarvt das Gerücht von der weltweiten Nahrungsmittelknappheit und beschreibt die ökonomischen Vorteile des Vegetarismus. Im dritten Kapitel werden die ethischen Grundlagen der vegetarischen Ernährung dargelegt, mit Hinblick auf die Werke namhafter Philosophen, Dichter und religiöser Schriftsteller. Auch das Prinzip der Gewaltlosigkeit, wie man es in den Lehren des Christentums, des Judentums, des Islam, des Buddhismus und des Hinduismus finden kann, wird erläutert. Die Frage, inwiefern das Gesetz von Karma und Reinkarnation mit dem Vegetarismus verbunden ist, wird im vierten Kapitel behandelt. Kapitel fünf erklärt die Gründe für das Opfern vegetarischer Speisen zu Gott im *bhakti-yoga*-System sowie die hierfür gültigen Methoden. Kapitel sechs enthält Auszüge aus den Werken von Śrī Śrīmad A. C. Bhaktivedanta Swami Prabhupāda, der größten Autorität Indiens für die vedische Kultur der Hingabe, und bietet einen Überblick über die Philosophie des spirituellen Vegetarismus, wie sie in *Der höhere Geschmack* skizziert wird.

Śrīla Prabhupāda war nicht nur ein überaus produktiver Schriftsteller, sondern auch der Gründer der Internationalen Gesellschaft für Krishna-Bewusstsein (1966). Ab Seite 153 finden Sie einen Überblick über das nahrungsbezogene Engagement der Internationalen Gesellschaft für Krishna-Bewusstsein (ISKCON): vegetarische Restaurants, selbstversorgende Farmgemeinschaften, öffentliche Festivals mit freier Nahrungsverteilung u.a.

1

Gesundheit und fleischlose Ernährung

„Ich kann nicht verstehen, wieso die Verordnung einer ausgewogenen vegetarischen Ernährung als drastische Maßnahme gilt, während man es als normal hinnimmt, Menschen unters Messer zu bringen."

– Dr. Dean Ornish, Gründer und Vorsitzender des *Preventative Medicine Research Institute*, Sausalito, USA, und Autor von *Revolution in der Herztherapie*

Weil sich die Einsicht verbreitet, wie wichtig eine gute Ernährung für die Gesundheit ist, vertrauen immer mehr Menschen auf den Vegetarismus. Bei einer Erwägung des Für und Wider von vegetarischer und fleischzentrierter Ernährung sollten vor allem zwei Aspekte Beachtung finden: die anatomische Struktur des menschlichen Körpers und die physischen Auswirkungen des Fleischverzehrs. Da das Essen mit den Händen und dem Mund beginnt, sagt bereits die Anatomie dieser Körperteile etwas aus. Die Zähne des Menschen sind, wie die aller Pflanzenfresser, zum Zermahlen und Kauen konzipiert. Die scharfen Eckzähne, mit denen ein Fleischfresser seine Beute zerreißt, fehlen dem Menschen. Fleisch fressende Tiere verschlingen ihre Nahrung in der Regel, ohne sie zu kauen. Sie benötigen weder Mahlzähne noch seitwärts bewegliche Kiefer. Und die menschliche Hand ist wegen ihres opponierbaren Daumens und der fehlenden scharfen Krallen besser geeignet, Früchte zu pflücken, als Beute zu erlegen.

Die Verdauung von Fleisch

Nach dem Verzehr von Fleisch benötigt der Körper Verdauungssäfte mit einem hohen Salzsäureanteil. Der Magen des Menschen und anderer Pflanzenfresser produziert weniger als ein Zwanzigstel dieser Säure von dem, was ein Fleischfresser produziert.

Auch der Darmtrakt des Fleischfressers unterscheidet sich von dem eines Vegetariers. Nach dem Tod eines Tieres setzt fast augenblicklich der Verwesungsprozess ein, und daher müssen Fleischfresser ihre Mahlzeiten möglichst schnell ausscheiden. Folglich misst ihr Verdauungstrakt nur das Dreifache ihrer Körperlänge. Da der Verdauungstrakt des Menschen, wie der anderer Pflanzenfresser, das Zwölffache seines Körpers misst, hält sich das Fleisch viel länger dort auf und produziert eine Reihe von Giftstoffen.

Besonders belastend wirken sich diese Giftstoffe auf die Niere aus.

Physiologischer Vergleich

Fleischfresser	Pflanzenfresser	Mensch
hat Krallen	keine Krallen	keine Krallen
keine Hautporen; kühlt den Körper durch Verdunstung über die Zunge	Hautatmung durch Millionen von Poren	Hautatmung durch Millionen von Poren
scharfe, spitze Vorderzähne zum Reißen, kein Kaugebiss zum Zermahlen	keine scharfen, spitzen Vorderzähne; flache Backenzähne (Kaugebiss)	keine scharfen, spitzen Vorderzähne; flache Backenzähne (Kaugebiss)
Verdauungstrakt nur 3-mal so lang wie der Körper, damit das schnell verwesende Fleisch rasch aus dem Körper gelangt	Verdauungstrakt 10–12-mal so lang wie der Körper	Verdauungstrakt 12-mal so lang wie der Körper
viel konzentrierte Salzsäure im Magen, um zähe Tiermuskeln zu verdauen	20-mal schwächere Magensäure als Fleischfresser	20-mal schwächere Magensäure als Fleischfresser

Dieses lebenswichtige Organ, das überflüssige Stoffe aus dem Blut ausscheidet, wird durch die Überlast an Toxinen, die der Fleischverzehr hervorruft, stark beansprucht. Die Nieren eines durchschnittlichen Fleischessers müssen dreimal so viel leisten wie die eines Vegetariers. Der Körper eines jungen Menschen mag dieser zusätzlichen Belastung gewachsen sein, doch mit zunehmendem Alter steigt das Risiko eines Nierenleidens oder gar einer akuten Niereninsuffizienz mit Urämie.

Auch die Bauchspeicheldrüse hat unter den Toxinen zu leiden. Echte Fleischfresser verspeisen ihr Fleisch roh, Menschen bevorzugen dagegen gekochtes oder gebratenes Fleisch. Durch die Erhitzung werden jedoch die natürlichen verdauungsfördernden Enzyme im Fleisch zerstört. Die Bauchspeicheldrüse muss daher mehr eigene Enzyme produzieren, wodurch sie allmählich überstrapaziert und geschwächt wird. Dann ist es nicht mehr weit bis zum Ausbruch einer Krankheit.

Herzkrankheiten

Die Unfähigkeit des menschlichen Körpers, überschüssige tierische Fette zu verarbeiten, ist ein weiteres Zeichen dafür, dass Fleischessen für den Menschen unnatürlich ist. Fleisch fressende Tiere sind in der Lage, beinahe unbegrenzte Mengen Cholesterin und Fett ohne negative Folgen umzuwandeln. In einem Experiment fügte man für einen Zeitraum von zwei Jahren gewöhnlicher Hundenahrung täglich bis zu einem halben Pfund Butterfett hinzu, doch der Cholesterinspiegel im Blut der Hunde veränderte sich nicht im Geringsten.

Pflanzenfresser hingegen können kaum mehr Cholesterin oder ungesättigte Fette vertragen, als der Körper tatsächlich benötigt. Stetiger Überkonsum führt dazu, dass sich das Fett an den Innenwänden der Arterien ablagert und schließlich Arteriosklerose (Arterienverhärtung) hervorruft. Da die Ablagerungen den Blutfluss zum Herzen behindern, steigt die Gefahr eines Schlaganfalls, eines Herzinfarkts oder einer Thrombose erheblich.

Marion Nestle, Leiterin des Instituts für Ernährungswissenschaft an der New York University, sagt: „Fleisch macht einen außerordentlich hohen Prozentsatz der gesättigten Fette in der Ernährung der Amerikaner aus." Bereits 1961 wies das *Journal of the American Medical Association* nach, dass 97 Prozent aller Fälle von Herzerkrankungen (welche die Ursache für mehr als die Hälfte aller Todesfälle in den Vereinigten Staaten sind) durch eine vegetarische Ernährung verhindert werden könnten. Eine Untersuchung der *American Heart Association*, welche besagt, dass eine Ernährung mit hochgesättigten Fetten Herzerkrankungen verursacht, unterstützt diese Erkenntnisse.

Hier noch einige statistische Daten, über die es sich lohnt nachzudenken:

- Sinkt der Cholesterinspiegel im Blut um ein Prozent, so sinkt das Risiko einer Herzerkrankung um drei bis vier Prozent.
- Der Cholesterinspiegel im Blut ist bei Vegetariern durchschnittlich vierzehn Prozent niedriger als bei Nichtvegetariern.
- Das Risiko einer Herzerkrankung ist bei Vegetariern fünfzig Prozent geringer als bei Nichtvegetariern.

Krebs

Zahlreiche Studien stellen einen Bezug zwischen Darmkrebs und Fleischverzehr her. Eine Ernährung mit hohem Fleischanteil ist fast immer durch einen hohen Fett- und einen niedrigen Ballaststoffgehalt gekennzeichnet. Daher bewegt sich die Nahrung vergleichsweise langsam durch den Darmtrakt und erlaubt Giftstoffen, Schaden anzurichten. Peter R. Cheeke, Professor für Nutztierzucht an der Oregon State University, schreibt: „Die hohe Darmkrebsrate in vielen Ländern korreliert deutlich mit dem Pro-Kopf-Verbrauch von Fleisch und tierischem Fett bzw. mit der inadäquaten Aufnahme von Ballaststoffen. Selbst der größte Befürworter von Viehzucht und fleischlicher Nahrung wird recht bestürzt sein über die Fülle an Belegen für einen direkten Bezug von Darmkrebs und Fleischverzehr." Darüber hinaus bringt Fleisch während der Verdauung bekanntlich steroide Metabolite hervor, welche krebserregende Eigenschaften haben.

Wie bereits erwähnt, bewegt sich das rohe Fleisch der Fleischfresser schnell durch den Darmtrakt hindurch – in etwa drei Stunden. Menschen hingegen, die einen langen Darmtrakt besitzen, benötigen zwischen zwölf und achtzehn Stunden, um Fleisch zu verarbeiten und zu verdauen. Da die Umgebung des Verdauungstraktes warm und feucht ist, verfault das Fleisch und produziert freie Radikale – instabile und destruktive Sauerstoffatome, die Krebs verursachen, die Alterung beschleunigen und andere Schäden anrichten können. Diese freien Radikale werden während des langen Verdauungsprozesses im Körper freigesetzt.

Weitere Untersuchungen weisen immer deutlicher auf eine direkte Verbindung zwischen Fleischkonsum und anderen Krebskrankheiten hin. Dr. William Castelli, ehem. Leiter der *Framingham Heart Study* am amerikanischen NHLBI (National Heart, Lung and Blood Institute) schreibt: „Eine fettarme pflanzliche Ernährung würde die Rate der Herzinfarkte um etwa 85 Prozent und die der Krebskrankheiten um 60 Prozent senken."

Zu ihren wohl schockierendsten Ergebnissen kam die Krebsforschung, als die Auswirkungen der sogenannten Nitrosamine erkannt wurden. Nitrosamine entstehen, wenn sekundäre Amine, wie sie beispielsweise in Bier, Wein, Tee und Tabak vorherrschen, mit den chemischen Konservierungsstoffen im Fleisch reagieren. Die Food and Drug Administration (FDA; die Arzneimittelzulassungsbehörde der Vereinigten Staaten) äußerte sich dazu wie folgt: „Nitrosamine gehören zu den bösartigsten und vielfältigsten Gruppen von Karzinogenen [krebserregende Stoffe], die bislang entdeckt wurden, und ihre Rolle in der Ätiologie der menschlichen Krebserkrankungen hat unter Experten zu wachsender Besorgnis geführt."

Dr. William Lijinsky vom *Oak Ridge National Laboratory* (USA) führte Experimente durch, in denen Nitrosamine an Versuchstiere verfüttert wurden. Innerhalb von sechs Monaten fand er in 100 Prozent der Tiere bösartige Tumoren vor. „Der Krebs", so sagte er, „wuchert einfach überall: im Gehirn, in den Lungen, in der Bauchspeicheldrüse, im Magen, in der Leber, in den Nebennieren und im Darm. Die Tiere sind ein heilloses blutiges Schlamassel."

Über die Auswirkungen der Nitrosamine auf den menschlichen Organismus gibt es bisher nur wenige Studien. Dass sie krebserregend sind, ist jedoch bereits seit langem bewiesen. Menschen, die Fleisch jeglicher Art essen, leben gefährlich.

Gefährliche Chemikalien im Fleisch

Fleisch enthält in der Regel eine ganze Reihe gefährlicher Chemikalien, besonders natürlich dann, wenn es unter Verwendung von Wachstumsförderern, Tierarzneimitteln und belastetem Futter erzeugt wird. Obwohl manche extremen Stoffe bereits verboten sind, sollte man sich beim heute geschürten globalen Wettbewerb darüber im Klaren sein, dass das Risiko, beim Fleischkonsum eine Dosis Gift oder Tierarzneimittel abzubekommen, sehr groß ist. Oft sind die Schlachttiere aufgrund profitorientierter Massenhaltung bereits von Salmonellen oder anderen Krankheitserregern befallen. Inzucht und Überzüchtung machen sie auch für die Entstehung immer neuer Seuchen anfällig. Beispielsweise hat BSE, der Rinderwahn, die Menschen eine Weile in Atem gehalten, und auch heute noch treten immer wieder Fälle von BSE auf. Doch die Fleischlobby beruhigt uns und behauptet, alles sei in Ordnung. Aber eines ist nie in Ordnung: die Tiere zum Schlachthof zu führen, wo sie unter Todesfurcht auf ihre Hinrichtung warten. Diesen Zustand isst der Konsument praktisch mit, denn der Organismus der Tiere sondert in dieser extremen Situation erwiesenermaßen gesundheitsschädliche Angsthormone ab, die sich im Fleisch zusammen mit den anderen bereits vorhandenen Giften und Schlacken vereinigen.

Franz Weber, ein namhafter Schweizer Tierschützer und Ökologe, erklärt dazu: „Nehmen wir das Beispiel von Hamburg, wo Menschen Vergiftungen erlitten, als sie Thunfisch aus der Büchse aßen. Warum? Der Thunfisch wurde lebendig zersägt, und die gefangenen Fische hatten eine solch unglaubliche Angst, dass sie ein Gift ausschieden, das in das Fleisch einging. Das war schon den alten Römern bekannt. Um ein bestimmtes Gift zu bekommen, haben sie Sklaven zu Tode gefoltert, und mit dem Speichel dieser Toten konnte man andere vergiften. Die Todesangst geht also ins Gewebe ein und wird vom Menschen mitgegessen."

Ähnliches gilt natürlich auch für sogenanntes Bio-Fleisch, denn kein Tier ist freiwillig bereit, für unsere Gaumenfreuden zu sterben.

Aufgrund der zunehmenden Verseuchung der Meere, besonders der küstennahen Gebiete, darf es nicht verwundern, wenn auch sogenannte Meeresfrüchte oft hoch belastet sind, was viele Studien belegen. Die Gifte, meist polychlorierte Biphenyle (PCBs), entstammen dem Abwasser von Fabriken. Bekannt ist auch das zunehmende Vorkommen von Dioxinen, die zu den giftigsten industriellen Abfallprodukten zählen.

Fleischlose Ernährung

Bekennende Vegetarier werden oft mit einer fast vorhersagbaren Frage konfrontiert: „Woher erhalten Sie Ihre Proteine?" Hierauf könnte man die Gegenfrage stellen: „Woher erhält sie ein Elefant, ein Stier oder ein Nashorn?" Die Vorstellung, Fleisch habe ein Monopol auf Protein inne und große Mengen Proteine seien für Energie und Kraft notwendig, ist schlichtweg falsch.

Während der Verdauung werden die meisten Proteine in ihre Aminosäure-Komponenten gespalten, die dann vom Körper für Wachstum und Gewebeerneuerung verwendet werden. Von den zweiundzwanzig Aminosäuren kann der Körper alle außer acht aufbauen. Diese acht „essenziellen" Aminosäuren sind in pflanzlicher Nahrung in Fülle vorhanden. Milchprodukte, Getreide, Hülsenfrüchte und Nüsse sind konzentrierte Proteinquellen. Käse, Erdnüsse und Linsen enthalten mehr Proteine pro Gramm als Hamburger oder Schweinesteak. Eine Studie von Dr. Fred Stare (Harvard) und Dr. Mervyn Hoarding (Loma Linda University) vergleicht die Proteinaufnahme von Vegetariern und Fleischessern. Sie kommen zu dem Schluss, dass bei beiden Gruppen die Einnahme essenzieller Aminosäuren mindestens doppelt so hoch liegt wie der Bedarf; bei den meisten dieser Aminosäuren war dieser Wert sogar noch wesentlich höher.

Für viele Amerikaner und Europäer machen Proteine mehr als 20 Prozent ihrer Ernährung aus, d.h. rund das Doppelte der Menge, die die Weltgesundheitsorganisation (WHO) empfiehlt. Ein inadäquater Proteinkonsum kann zwar einen Kräfteverlust bewirken, doch der Körper ist nicht in der Lage, überschüssige Proteine zu verwerten. Stattdessen werden sie in stickstoffhaltige, die Nieren belastende Abfallprodukte umgewandelt, die dem Körper Kalzium entziehen und letztlich vom Körper ausgeschieden werden. Eine Reihe von Studien kommt sogar zu dem Schluss, dass übermäßiger Proteinverzehr für die Entstehung von Osteoporose verantwortlich ist. Es ist zwar längst bekannt, dass Osteoporose von einem Kalziummangel in den Knochen herrührt, doch gegenwärtig verstärkt sich der Eindruck, dass eine der Hauptursachen für diese Mangelerkrankung ein Proteinüberschuss in der Nahrung ist.

Die Hauptenergiequelle des Körpers sind Kohlehydrate. Nur als letzten Ausweg greift der Körper zum Protein, um sich mit Energie zu versorgen. In der Tat schwächt ein übermäßiger Proteinkonsum die Energiekapazität des Körpers. In einer Serie vergleichender Ausdauertests, geleitet von Dr. Irving Fisher (Yale), schnitten Vegetarier doppelt so gut ab wie Fleischesser. Als Dr. Fischer die Proteineinnahme der Nichtvegetarier um 20 Prozent senken ließ, stieg deren Leistungsfähigkeit um 33 Prozent. Zahlreiche andere Studien haben gezeigt, dass eine gesunde vegetarische Ernährung mehr Nährstoffenergie als Fleisch liefert. Studien von Dr. J. Iotekyo und V. Kipani (Universität Brüssel) haben außerdem gezeigt, dass Vegetarier in Fitnesstests zwei bis drei mal länger Kraft aufbringen konnten, bis sie erschöpft waren, und sich dazu in nur einem Fünftel der Zeit, die ein Fleischesser brauchte, von ihrer Erschöpfung erholt hatten.

2

Die verborgenen Kosten des Fleisches und der angebliche Nahrungsmangel

„Die Erde hat genug für die Bedürfnisse eines jeden Menschen, aber nicht genug für seine Gier."

– Mahatma Gandhi

Das Hungerproblem

„Alle Schlachttiere auf der ganzen Welt zusammengenommen verbrauchen eine Futtermenge, die dem Kalorienbedarf von 8,7 Milliarden Menschen entspricht – das ist mehr als die gesamte Weltbevölkerung!" (*Vegetarisch leben,* Govinda-Verlag, 6. Auflage, Seite 35)

Der Ernährungsexperte Dr. med. Werner Hartinger führt aus, dass etwa 49 Prozent der Weltgetreideernte und mehr als 90 Prozent aller angebauten Sojabohnen für die Tiermast eingesetzt werden. In Europa sind es sogar 60 Prozent des Getreides und in den USA mehr als 90 Prozent.

Die Verwertung von Getreide, um Fleisch zu „produzieren", ist eine unglaubliche Verschwendung. Das *USDA Economic Research Institute* in den USA zeigte auf, dass aus 16 Kilogramm Getreide nur ein Kilogramm Rindfleisch erwirtschaftet werden kann.

In dem Maße, wie die Welt ihre natürlichen Rohstoffe weiterhin verschmutzt, wächst mit dem Anstieg der Viehhaltung ein weiteres Problem heran: der Mangel an Trinkwasser. Wasserexperten der University of California zufolge werden für die Produktion von einem Kilogramm Rindfleisch 19 737 Liter Wasser benötigt, für ein Kilogramm Schweinefleisch 6170 Liter und für ein Kilogramm Hühnerfleisch 3085 Liter. Hingegen benötige man für ein Kilogramm Kopfsalat nur 87 Liter und für ein Kilogramm Weizen lediglich 95 Liter. Der amerikanische Schriftsteller und Aktivist John Robbins schreibt: „Sie können heute in Kalifornien mehr Wasser sparen, wenn Sie darauf verzichten, ein Kilogramm Rindfleisch zu essen, als wenn Sie für drei Monate nicht duschen würden."

In seinem Buch *Proteins: Their Chemistry and Politics* schreibt Dr. Aaron Altshul, dass, gemessen an Kalorien pro Hektar Land, durch eine aus Getreide, Gemüse und Hülsenfrüchten bestehende Ernährung zwanzigmal mehr Menschen erhalten werden können als durch eine fleischliche Ernährung. Heutzutage wird in den USA wie auch in vielen europäischen, afrikanischen und asiatischen Ländern etwa die Hälfte der bewirtschafteten Ackerbauflächen für die Tierfütterung verwendet. Würde das gesamte anbaufähige Land der Erde in erster Linie für die Produktion vegetarischer Nahrung benutzt, könnte dieser Planet mit Leichtigkeit eine Bevölkerung von 20 Milliarden und mehr ernähren.

Aufgrund solcher und ähnlicher Fakten sind führende Ernährungsexperten zu dem Schluss gekommen, das Problem des Welthungers sei weitgehend illusorisch. Schon heute produzieren wir genügend Nahrungsmittel für jeden Einzelnen auf diesem Planeten. Leider wird es jedoch sehr unrationell verteilt. Das Organisationsnetzwerk *Global Hunger Alliance* schreibt: „Die meisten Hungertode sind eine Folge chronischer Unterernährung; diese wiederum kommt dadurch zustande, dass die bestehenden Nahrungsmittelressourcen ungleich verteilt und ineffizient genutzt werden. Darüber hinaus werden die natürlichen Ressourcen, von denen alles Leben abhängig ist, durch verschwenderische landwirtschaftliche Praktiken wie die industrielle Viehwirtschaft, genannt Intensivtierhaltung, systematisch verschmutzt und dezimiert. Der Versuch, auf diese Weise noch mehr Nahrungsmittel zu produzieren, würde das Wasser noch mehr verschmutzen, dem Boden noch mehr schaden und letztlich zu mehr Hunger führen."

Ein bei der World Food Conference der Vereinten Nationen eingereichter Bericht stimmt dem zu: „Der übermäßige Fleischkonsum der Reichen bedeutet Hunger für die Armen. Die verschwenderische

Landwirtschaft muss aufhören, indem man die Mastbetriebe, in denen Getreide an Rinder verfüttert wird, abschafft und den Rinderbestand massiv reduziert."

Lebende Kühe sind ein Vermögenswert

Eine lebende Kuh bringt der Gesellschaft mehr Nahrung als eine tote Kuh, denn durch ihre Milch stellt sie uns proteinreiche Nahrungsmittel wie Milch, Käse, Butter und Joghurt zur Verfügung. Angesichts der Hungerkrise in der Dritten Welt kommt oft die Frage auf, warum es sich die Menschen in Ländern wie Indien erlauben, das wertvolle Getreide mit den Kühen zu teilen. Warum essen sie die Kühe nicht einfach? Die meisten Hindus aber sehen die Kühe als heilig an und schlachten sie deshalb nicht. Aufgrund dieses kulturellen Standpunkts haben Ökologen die Symbiose zwischen der Kuh und dem Menschen untersucht und sich die Frage gestellt, ob es sich hier wirklich um eine Konkurrenzbeziehung handelt und ob das Hungerproblem durch die Schlachtung der Kühe gelöst werden könnte.

In einer detaillierten Untersuchung über Kühe in Westbengalen fand Stewart Odend'hal von der Universität Missouri heraus, dass Kühe keineswegs den Menschen die Nahrung rauben, sondern nur ungenießbare Überreste der Ernte (Reisschalen, verwertetes Zuckerrohr etc.) und Gras fressen. „Im Grunde", so sagt er, „wandelt das Vieh Dinge, die für den Menschen kaum einen direkten Wert haben, in unmittelbar nutzbare Produkte um." Dies müsste das Gerücht, die Menschen in Indien müssten hungern, weil sie ihre Kühe nicht töten, eigentlich aus der Welt schaffen. Studien haben gezeigt, dass das Nahrungsproblem in Indien auf anhaltende Dürreperioden, politische Unruhen und die Industrialisierung zurückzuführen ist. Ähnliches gilt im Übrigen für etliche Drittweltländer.

Lässt man die Kühe am Leben, produzieren sie hochwertige, proteinreiche Nahrungsmittel in kaum vorstellbarer Fülle. In den 80er Jahren gab es in den USA gezielte Bestrebungen, die Produktion von Milchprodukten zu begrenzen. In der Folge war die Regierung gezwungen, große Mengen an Butter, Käse und fettarmer Trockenmilch zu lagern. Der Vorrat wuchs pro Woche um etwa 100 000 Tonnen an. Die zehn Millionen Kühe in den USA gaben in dieser Zeit so viel Milch, dass die Regierung periodisch Tausende Tonnen Milchprodukte frei an die Armen und Hungernden verteilen ließ. (Lebende) Kühe gehören zweifellos zu den wertvollsten Nahrungsmittelressourcen der Menschheit. Leider kaufte und schlachtete die US-Regierung Mitte der 80er Jahre Millionen von Milchkühen, um der Notwendigkeit zu entkommen, die Milchpreise durch die Lagerung von Milchprodukten zu stützen.

Viele Menschen möchten Robben, Delphine und Wale vor dem qualvollen Tod bewahren und beteiligen sich an Rettungsaktionen. Warum sollte es nicht auch eine Bewegung zum Schutz der Kühe geben? Allein schon wirtschaftlich wäre das ein vernünftiges Unterfangen.

Fleisch kostet mehr, als man glaubt

Es ist so unwirtschaftlich, Fleisch zu produzieren, dass sogar Steuermittel zur Subventionierung dieses Wirtschaftszweiges aufgewendet werden müssen. Die intensive Monokultur- und Tiermastwirtschaft wird von der EU mit „Fördergeldern“ in Milliardenhöhe unterstützt. Die Bauern können ihre Produkte nicht zu einem angemessenen Preis absetzen, da aufgrund der durch Kunstdüngereinsatz gesteigerten Ernteerträge die Preise so niedrig sind, dass fast nur noch landwirtschaftliche Großbetriebe eine Überlebenschance haben. Auch diese werden jedoch nach dem Gießkannenprinzip subventioniert, sodass die Monopolisierung ungehindert fortschreiten kann. In der ganzen Welt zu Dumpingpreisen aufgekaufte vegetarische Nahrung wird zur Fleischerzeugung verwendet, und der Verbraucher wiegt sich in der Illusion, die Lebensmittel seien preiswert, obwohl die systematische Verschwendung natürlicher Energien durch Steuergelder finanziert wird. Das Fleisch auf seinem Teller enthält die Energie, die den Hungernden in vielen Teilen der Welt trickreich entzogen wurde.

Natürlich sind die heutigen wirtschaftlichen Sachzwänge dermaßen miteinander verwoben, dass Maßnahmen zur Wiedereinführung einer naturfreundlichen Landwirtschaft meist belächelt werden, besonders von denjenigen, die an der energieintensiven Variante gut verdienen. Wir wollen hier jedoch die politischen Aspekte nicht weiter beleuchten. Es ist besser, im Privatbereich Konsequenzen zu ziehen und auf naturschonende Produkte umzusteigen.

Um noch mehr Nahrungsmittel möglichst billig produzieren zu

können, wird auch der Genmanipulation von Saatgut kein Einhalt geboten. Vielmehr leistet man der weiteren Eskalation der Denaturierung Vorschub, obwohl die weltweite Versorgung aller Menschen mit vegetarischer Nahrung ohne diese künstlichen Mittel möglich wäre.

Umweltschäden

„Die Regenwälder Amazoniens und Südostasiens werden gerodet, um Platz für Rinderfarmen und für den Anbau der Futtermittel zu schaffen, auf welche die europäische Landwirtschaft dringend angewiesen ist. Da die tropischen Regenwälder hoch empfindliche Ökosysteme sind, kann schon die Abholzung weniger Hektar eine Art, die gerade eine ökologische Nische gefunden hat, vollständig ausrotten." (*Spektrum der Wissenschaft*, Mai 2005, S. 100)

Immer noch wird der Regenwald hemmungslos abgeholzt. Nach neuesten Schätzungen verschwinden täglich rund 30 000 Hektar, das entspricht pro Minute einer Fläche von rund 35 Fußballfeldern. Gleichzeitig wachsen die Steppen- und Wüstenflächen täglich um 20 000 Hektar. Das Geschehen wird von den großen Fleischproduzenten gesteuert. Kleinere landwirtschaftliche Betriebe werden weltweit aufgekauft, um die Flächen noch rentabler ausbeuten zu können.

Das Prinzip der Gewinnmaximierung, ohne Schäden an der Natur in Betracht zu ziehen, ist ein bekanntes Kennzeichen unserer modernen Zivilisation. Aufgrund der maschinen- und energieintensiven Wirtschaftsentwicklung entstehen Heere von arbeitslosen ehemaligen Landarbeitern, die ihre Heimat enttäuscht aufgeben, um in den Ballungsgebieten ihr Glück zu suchen.

Die massenhafte Fleischproduktion führt zwangsläufig zu einem Überschuss an Gülle, den die Bodenorganismen nicht mehr verarbeiten können. Das natürliche Gleichgewicht wird dadurch gestört. Außerdem gelangt die überschüssige Gülle in die Gewässer und destabilisiert dort das ökologische Gleichgewicht.

Erderwärmung

Veränderungen in der Zusammensetzung des Gasgemisches der Erdatmosphäre können zu Klimaveränderungen führen. Politiker und Medien fordern im Allgemeinen eine Reduzierung des Ausstoßes von

Kohlendioxid. Sie sagen, der weltweit steigende Verbrauch fossiler Brennstoffe beschwöre eine Klimakatastrophe herbei. Immer mehr kommt dabei auch die moderne Agrarwirtschaft ins Kreuzfeuer, denn etwa ein Drittel des anthropogenen Anteils an der Entstehung des Treibhausgases Methan entfällt auf die Massentierhaltung.

Ungeachtet dessen, dass die Wissenschaftler sich nicht darüber einig sind, ob die öffentliche Propaganda über eine bevorstehende Klimakatastrophe nun wirklich begründet ist, sollten verantwortungsvolle Menschen nicht davon ausgehen, dass der Raubbau an der Natur ohne tiefgreifende Folgen bleibt.

Soziale Konflikte

Die verschwenderische Fleischproduktion, die wesentlich mehr Land in Anspruch nimmt als der direkte Ackerbau, ist seit Jahrtausenden Anlass für ökonomische Konflikte in der menschlichen Gesellschaft. Laut einer in der Zeitschrift *Plant Foods for Human Nutrition* veröffentlichten Studie lassen sich auf einem Hektar Land mit Getreideanbau fünfmal mehr Proteine produzieren als mit Viehzucht. Bohnen oder Erbsen bringen zehnmal mehr Proteine und Spinat sogar achtundzwanzigmal mehr. Bereits die alten Griechen kannten diese Verhältnisse. In Platons Werk *Der Staat* tritt der Philosoph Sokrates deshalb für eine vegetarische Ernährung ein, weil auf diese Weise ein Land seine landwirtschaftlichen Ressourcen am besten nutzen würde. Er warnte vor dem Fleischessen, da dafür mehr Weideland benötigt würde: „‚Und das Land, das groß genug war, um die ursprüngliche Bevölkerung zu ernähren, wird es dann nicht zu klein sein?‘, fragte er Glaukon, welcher antwortete, dies werde sicherlich so sein. ‚Und dann werden wir in den Krieg ziehen, Glaukon, nicht wahr?‘ Darauf erwiderte Glaukon: ‚Ganz gewiss.‘“

Es sollte nicht unerwähnt bleiben, dass das Fleischessen auch in vielen Kriegen während der europäischen Kolonisierung eine Rolle spielte. Der Gewürzhandel mit Indien und anderen Ländern des Ostens führte zu scharfer Konkurrenz. Die Ernährung der Europäer basierte auf Fleisch, das mit Pökelsalz konserviert wurde. Um den monotonen Geschmack ihrer Speisen aufzupeppen und zu variieren, kauften sie eifrig große Mengen an Gewürzen ein. Der Gewürzhandel war so profitträchtig, dass Regierungen wie Händler nicht zögerten, zur Sicherung ihrer Waren Waffen einzusetzen.

Auch viele der gegenwärtigen Konflikte in der Welt resultieren aus einem Nahrungsmangel. Bereits 1974 warnte die CIA, dass es in naher Zukunft für die Weltbevölkerung nicht mehr genügend Nahrung geben werde, „es sei denn, die wohlhabenden Staaten machten in ihrem Konsum von mit Getreide gefütterten Tieren radikale und baldige Einschnitte." Doch die Verhältnisse haben sich seither nicht geändert.

Der Fleischverzehr in den Industrienationen steht in direkter Beziehung zum Welthunger und damit zu Kriegen, welche wiederum mehr Hunger verursachen. Jeden Tag sterben weltweit 40 000 Kinder an Unterernährung. Mit dem, was das komplette Schlachtvieh der USA jedes Jahr an Getreide und Sojabohnen verzehrt, könnte man das Fünffache der gesamten US-Bevölkerung ernähren. Würden die Amerikaner ihren Fleischverzehr nur um zehn Prozent senken, so erklärt eine Studie, stünden der Menschheit jährlich 12 Millionen Tonnen an

Relative Erträge von nutzbaren Proteinen pro Hektar Land bei unterschiedlichen Nahrungsmitteln

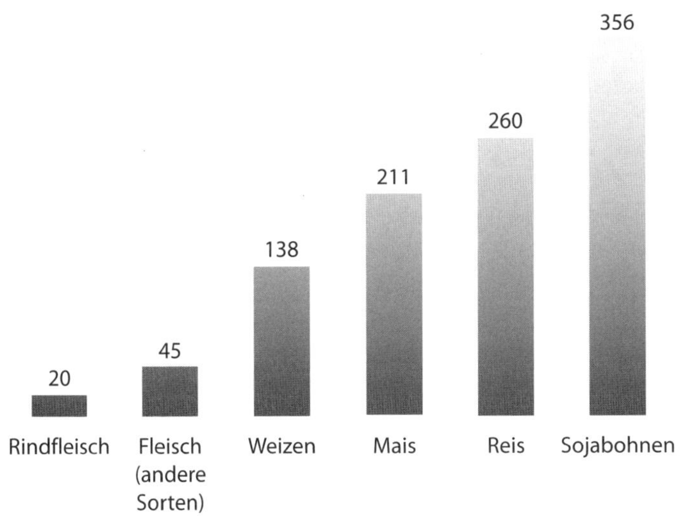

Getreide zu Verfügung – genug, um jeden der 60 Millionen Menschen zu ernähren, die jedes Jahr den Hungertod sterben.

Geld sparen durch eine vegetarische Ernährung

Verlassen wir nun die geopolitische Weltlage und wenden uns wieder unserer eigenen Situation zu. Nicht viele Menschen wissen, dass Getreide, Hülsenfrüchte und Milchprodukte hochwertige Proteinquellen sind. Viele vegetarische Nahrungsmittel liefern mehr essenzielle Nährstoffe als Fleisch. 100 Gramm Fleisch enthalten nur 12 Gramm Proteine (wobei man beachten muss, dass über 50 Prozent des Fleisches aus Wasser besteht). Im Vergleich dazu liefern 100 Gramm Käse oder Linsen 25 Gramm Protein, 100 Gramm Sojabohnen sogar 35 Gramm.

Doch obwohl Fleischprodukte weniger Proteine enthalten, kosten sie deutlich mehr. Nach der Einführung des Euro ist auch das Gemüse teurer geworden. Dennoch kann man, wenn man sich auf die günstigen Sorten beschränkt, ein nährstoffreiches vegetarisches Gericht preiswerter zusammenstellen als eine Zubereitung mit Fleisch.

3

Massentierhaltung und Mitgefühl

„Die Grausamkeit gegen die Tiere ist der Pflicht des Menschen gegen sich selbst entgegen gesetzt."

– Immanuel Kant

In Deutschland werden täglich rund 100 000 Schweine und Rinder geschlachtet, 36 Millionen im Jahr. Weltweit, so schätzt man, werden jährlich rund 50 Milliarden Tiere für die Lebensmittelproduktion geschlachtet. Die verheerenden Zustände bei der Tierhaltung, gerade in Mastbetrieben, wo viele Säugetiere nie die Sonne sehen, bedeuten zusätzlich unsägliches Leid. Viele Tiere verenden während des Transports oder bereits unter folterähnlichen Bedingungen in den Zuchtanstalten.

Nur wenige stellen zwischen der Schlachtung und dem Fleischgericht auf ihrem Teller eine bewusste Verbindung her. Ein einschlägiger Fall: In amerikanischen TV-Werbespots erklärt Ronald McDonald einer Gruppe von Kindern, dass Hamburger auf „Hamburgerbeeten" wüchsen. Eine clevere Werbestrategie? Nun, die Realität kommerzieller Schlachthöfe dürfte selbst für viele Erwachsene ernüchternd sein: Brüllende Tiere werden durch Hammerschläge, Elektroschocks oder Bolzenschuss betäubt. Daraufhin werden sie bei lebendigem Leib an den Füßen aufgehängt und fahren an Fließbändern in den Tod. Ebenfalls bei lebendigem Leibe wird ihnen die Kehle durchgeschnitten, dann die Haut abgezogen. In einer Ausgabe der Zeitschrift *Business Ethics* (November, Dezember 1999) wurde eine solche Szene beschrieben: „Wir müssen bezüglich der Grausamkeiten in Schlachthäusern von Zulieferern des McDonalds-Unternehmens unsere Sorge zum Ausdruck bringen. … Die Bundesstatuten fordern, dass einhundert Prozent der Kühe vollständig betäubt sind, bevor sie enthäutet werden, laut einem McDonalds-Trainingsvideo jedoch … ist es akzeptabel, wenn fünf von hundert Kühen bei Bewusstsein gehäutet und zerlegt werden. … Die reale Fehlerrate dürfte jedoch weit höher als fünf Prozent liegen."

Der ehemalige Tennisstar Peter Burwash beschrieb nach dem Besuch eines Schlachthauses seine Reaktion in seinem Buch *A Vegetarian Primer:* „Ich bin wahrhaftig keine Mimose. Ich habe Eishockey gespielt, bis mir mein halbes Gebiss eingeschlagen war. Und auf dem Tennisplatz bin ich extrem motiviert. … Aber diese Erfahrung im Schlachthof hat mich überwältigt. Bereits zuvor kannte ich sämtliche physiologischen, ökonomischen und ökologischen Argumente für den Vegetarismus, doch als ich mit eigenen Augen sah, wie grausam Menschen mit Tieren umgehen, reifte in mir der Entschluss, mich zum Vegetarismus zu bekennen.

Antike: Griechenland und Rom

Viele der größten Persönlichkeiten dieser Welt haben sich aufgrund ethischer Überlegungen für eine vegetarische Lebensweise entschieden. Pythagoras, berühmt für seine Beiträge zur Geometrie und Mathematik, sagte: „Liebe Mitmenschen, schändet eure Körper nicht durch sündhafte Nahrung. Es gibt Getreide, es gibt Äpfel, die an ihren Zweigen herunterhängen, und es gibt Trauben an den Weinstöcken. Es gibt süße Kräuter und Gemüse, die gekocht oder am Feuer erweicht werden können. Auch müsst ihr euch der Milch und duftendem Honig nicht verweigern. Die Erde überschüttet uns mit ihren Reichtümern, mit gewaltfreier Nahrung und bietet uns ein Festmahl, das kein Blutvergießen und kein Schlachten erfordert. Nur wilde Tiere stillen ihren Hunger mit Fleisch, und nicht einmal alle von ihnen, denn Pferde, Rinder und Schafe leben vom Gras." Wie uns Diogenes in seiner Biographie des Pythagoras berichtet, aß dieser am Morgen Brot und Honig und am Abend rohes Gemüse. Auch soll er Fischer dafür bezahlt haben, ihren Fang wieder ins Meer zu werfen.

In seiner Abhandlung *Über das Fleischessen* schrieb der römische Schriftsteller Plutarch: „Wie könnt ihr die Frage stellen, warum sich Pythagoras des Fleischessens enthielt? Ich für meinen Teil frage mich, unter welchen Umständen und in welchem Geisteszustand es ein Mensch das erste Mal über sich brachte, mit seinem Mund Blut zu berühren, seine Lippen zum Fleisch eines Kadavers zu führen und seinen Tisch mit toten, verwesenden Körpern zu zieren, und es sich dann erlaubt hat, die Teile, die kurz zuvor noch gebrüllt und geschrien, sich bewegt und gelebt haben, Nahrung zu nennen. Wie konnten Augen es ertragen, einer Schlachtung zuzuschauen, wenn Kehlen aufgeschlitzt und Häute abgezogen und Glieder auseinander gerissen werden? Wie konnte seine Nase den Gestank ertragen? Wie ist es möglich, dass sich sein Geschmack nicht geekelt hat vor der Blutlache und vor den Körpersäften, die aus sterblichen Wunden fließen? Es sind auch keine Löwen oder Wölfe, die wir zu unserer eigenen Verteidigung essen; im Gegenteil, diese lassen wir in Ruhe und schlachten stattdessen die harmlosen, zahmen Geschöpfe, die keine scharfen Stacheln oder Zähne haben, mit denen sie uns schaden könnten. Um des Fleisches willen rauben wir ihnen die Sonne, das Licht und die Lebensdauer, wozu sie doch ihre Geburt und ihr Sein bestimmt hat.“

Dann fordert er die Fleischesser heraus: „Wenn ihr nun behaupten wollt, dass die Natur solche Nahrung für euch vorgesehen hätte, dann tötet selbst, was ihr zu essen gedenkt – jedoch mit euren naturgegebenen Mitteln, nicht mithilfe eines Schlachtmessers, einer Keule oder eines Beils.“

Da Vinci, Rousseau, Franklin ...

Auch der große Maler, Erfinder, Bildhauer und Dichter der Renaissance Leonardo da Vinci begründete seine vegetarische Ernährungsweise mit einem ethischen Ansatz. Er schrieb: „Wer das Leben nicht wertschätzt, der verdient es nicht.“ Er bezeichnete den Körper eines Fleischessers als „wandelnde Grabstätte“. Seine Notizbücher sind voller Passagen, die sein Mitgefühl für alle Lebewesen zum Ausdruck bringen: „Unzähligen dieser Tiere werden sie die kleinen Kinder rauben, sie aufreißen und auf barbarische Weise schlachten.“

Der französische Philosoph Jean Jacques Rousseau war ein Vertreter des Naturrechts. Er beobachtete, dass Fleisch fressende Tiere im Allgemeinen grausamer und gewalttätiger sind als Pflanzenfresser. Daher schloss er, dass eine vegetarische Ernährung den Menschen zu mehr

Mitgefühl bringen würde. Er vertrat gar die Ansicht, dass es einem Metzger nicht erlaubt sein solle, vor Gericht als Zeuge auszusagen oder auf der Geschworenenbank zu sitzen.

In seinem Buch *The Wealth of Nations* verkündete der Ökonom Adam Smith die Vorteile einer vegetarischen Ernährung: „Es ist in der Tat zweifelhaft, ob das Fleisch des Metzgers irgendwo lebensnotwendig ist. Getreide und Gemüse sowie Milch, Käse und Butter oder Öl – wo Butter nicht erhältlich ist – bieten die reichhaltigste, gesündeste und bekömmlichste Ernährung. Nirgendwo erfordert der Anstand, dass ein Mensch Schlachtfleisch isst." Ähnliche Überlegungen haben Benjamin Franklin veranlasst, mit 16 Jahren Vegetarier zu werden. Franklin meinte, eine vegetarische Lebensweise führe zu „größerem Fortschritt, von da zu größerer Klarheit des Kopfes und zu schnellerer Auffassungsgabe". In seinen autobiographischen Schriften nannte er das Fleischessen „grundlosen Mord".

Der englische Schriftsteller Percy Shelley war ein bekennender Vegetarier. In seinem Essay „Rehabilitation der natürlichen Ernährung" schrieb er: „Der Verfechter tierischer Nahrung sollte selbst die Probe aufs Exempel machen und, wie Plutarch schreibt, ein lebendiges Lamm mit seinen Zähnen zerreißen, mit seinem Kopf dessen Innereien durchwühlen und seinen Durst mit dem strömenden Blut stillen. … Dann, und nur dann, wäre er konsequent." Shelleys Interesse am Vegetarismus begann, als er noch Student in Oxford war. Er und seine erste Frau Harriet stellten bald nach ihrer Hochzeit ihre Ernährungsweise um. In einem Brief vom 14. März 1812 schrieb seine Frau an einen Freund: „Wir haben dem Fleisch abgeschworen und das Pythagoreische System übernommen." Shelley beschreibt in seinem Gedicht „Queen Mab" eine utopische Welt, in der die Menschen keine Tiere töten, um sie zu verspeisen.

> … nie wieder schlägt er nun
> Das Lamm, das ihn sanft anblickt, einfach tot,
> Verschlingt auch nicht mehr sein verstümmelt' Fleisch,
> Das doch die faulen Körpersäfte nur entfacht
> Und – die Untat rächend – all die niedern Triebe,

Hass und Verzweiflung, Abscheu und Verblendung,
Den Keim für Elend, Tod, für Krankheit und Verbrechen,
In seinem Geiste nur erhitzt und nährt.

Der russische Schriftsteller Leo Tolstoi wurde im Jahre 1885 Vegetarier. Er gab den Jagdsport auf, verkündete einen „vegetarischen Pazifismus“ und sprach sich gegen das Töten selbst des kleinsten Tieres wie einer Ameise aus. Er spürte im Töten von Tieren ein natürliches Anwachsen des Gewaltpotentials, welches in der menschlichen Gesellschaft unausweichlich zum Krieg führe. In seinem Essay *Der erste Schritt* bezeichnet Tolstoi das Fleischessen als „schlicht unmoralisch, da es eine Handlung erfordert, die dem moralischen Gefühl konträr gegenübersteht – das Töten.“ Durch das Töten, so glaubte Tolstoi, „unterdrückt der Mensch in sich unnötigerweise seine höchste spirituelle Funktion – die der Sympathie und des Mitleids anderen Lebewesen gegenüber – und indem er seine eigenen Gefühle missachtet, wird er grausam.“

Der Komponist Richard Wagner glaubte an die Heiligkeit alles Lebendigen. Er sah den Vegetarismus als die „natürliche Ernährung“, welche den Menschen vor gewalttätigen Tendenzen bewahren und ihm helfen könne, ins „lang verlorene Paradies“ zurückzukehren.

Zu verschiedenen Zeiten seines Lebens war auch der amerikanische Philosoph Henry David Thoreau ein Vegetarier. Obgleich seine eigene vegetarische Lebensweise nicht immer konsequent war, erkannte er doch ihre Vorzüge. Er schrieb: „Ist es nicht ein Rückschritt, dass der Mensch ein Fleisch essendes Tier ist? Es ist wahr, er kann andere Tiere jagen und davon leben, und tut dies auch in großem Maße. Doch dies ist ein elender Weg, was jeder erfährt, der Hasen fängt und Lämmer schlachtet. Und derjenige wird als Wohltäter seines Geschlechts angesehen werden, der die Menschen lehrt, sich auf eine gewaltlosere und gesündere Ernährungsweise zu beschränken. Was auch immer meine eigene Lebensweise sein mag, ich habe keinen Zweifel daran, dass es dem menschlichen Geschlecht auf dem Wege seiner stetigen Verbesserung vorgesehen ist, das Essen von Tieren einzustellen, ganz so wie die primitiven Stämme es eingestellt haben, einander zu essen, nachdem sie mit höher entwickelten Menschen in Kontakt gekommen waren.“

Das zwanzigste Jahrhundert

Es versteht sich von selbst, dass der größte Apostel der Gewaltlosigkeit im 20. Jahrhundert, Mahatma Gandhi, Vegetarier war. Als strenggläubige Hindus gaben ihm seine Eltern niemals Fleisch, Fisch oder Eier zu essen. Unter der britischen Herrschaft jedoch sah sich die alte indische Kultur verschiedenen Angriffen ausgesetzt. Unter diesem Druck übernahmen viele Inder die fleischorientierten Essgewohnheiten des Westens. Selbst Gandhi fiel dem Ratschlag eines Schulfreundes zum Opfer, der ihn aufforderte, Fleisch zu essen, um seine Kraft und seinen Mut zu stärken. Er nahm dann später seine vegetarische Lebensweise wieder auf und schrieb: „Wir müssen den fehlerhaften Glauben, der Vegetarismus würde unseren Geist und unseren Willen schwach oder träge machen, korrigieren. Ich glaube, dass fleischliche Nahrung auf keiner Ebene notwendig ist." Gandhi schrieb mehrere Bücher, in denen er den Vegetarismus erörterte. Seine eigene tägliche Ernährung bestand aus Weizensprossen, Marzipan, Blattgemüse, Zitronen und Honig. Er gründete die Tolstoi-Farm, eine Lebensgemeinschaft auf vegetarischer Basis. In seiner Schrift *The Moral Basis of Vegetarianism* schrieb Gandhi: „Ich erachte fleischliche Nahrung als ungeeignet für unsere Gattung. Wir irren uns, wenn wir die niedere Tierwelt nachahmen, da wir in Wahrheit doch über ihr stehen." Er spürte, dass ethische Prinzipien ein lebenslanges Bekenntnis zu einer vegetarischen Ernährung stärker unterstützen würden als gesundheitliche Gründe. „Ich fühle," sagte er, „dass spiritueller Fortschritt auf einer bestimmten Stufe erfordert, dass wir aufhören, unsere nächsten Artverwandten zur Befriedigung unserer körperlichen Wünsche zu töten."

Der irische Dramatiker George Bernhard Shaw wurde mit 25 Jahren Vegetarier. „Es war Shelley, der mir als Erster die Augen öffnete, was meine barbarische Ernährung betraf", schrieb er in seiner Autobiographie. Shaw wurde von seinen Ärzten gewarnt, dass die fleischlose Ernährung ihn umbringen würde. Als man ihn im hohen Alter fragte, warum er jenen Ratgebern nicht zeigte, wie gut der Vegetarismus ihm getan hätte, antwortete er: „Würde ich ja gerne, aber sie sind alle schon vor Jahren gestorben." Einmal fragte ihn jemand, warum er noch so jugendlich aussehe. „Stimmt nicht", entgegnete er, „ich sehe so alt aus, wie ich bin. Die anderen Menschen sehen älter aus, als sie sind. Was kann man von Menschen, die Leichen essen, erwarten?“ Zur Verbindung von Fleischessen und Gewalt in der menschlichen Gesellschaft schrieb Shaw:

> Am Sonntag bitten wir den Herrn um Licht,
> Uns zu behüten auf dem Weg, den wir beschreiten;
> Des Krieges müde sind wir, wollen nicht mehr streiten,
> Und doch sind wir auf Leichenschmaus erpicht.

Der deutsche Theologe und Lebensreformer Prinz Max von Sachsen (1870–1951) schrieb: „Nicht eine milde Form der Schlachtung, sondern ihre Beseitigung sollte man anstreben. Je mehr man das Schlachten ‚human‘ zu gestalten sucht, desto mehr stärkt man die Sache der Metzgerei selbst. Ein wirklich konsequenter Standpunkt des Tierschutzes wird erst dann gewonnen sein, wenn die Menschheit sich entschlossen haben wird, das Töten und Essen der Tiere aufzugeben.“

Der polnische Dichter und Nobelpreisträger Isaac Bashevis Singer wurde 1962 im Alter von 58 Jahren Vegetarier. Er sagte: „Natürlich tut es mir jetzt Leid, dass ich so lang gewartet habe, aber besser spät als nie.“ Obgleich er den gesundheitlichen Aspekt des Vegetarismus hoch schätzte, sagte er klar, dass die ethischen Überlegungen die primären sind. „Selbst wenn sich herausstellen würde, dass Fleischessen gut für uns ist, würde ich es dennoch keinesfalls tun.“

Singer zeigte sich intellektuellen Erklärungen zugunsten des Fleischessens gegenüber wenig tolerant: „Unterschiedliche Philosophen und religiöse Autoritäten haben versucht, ihre Schüler und Nachfolger davon zu überzeugen, dass Tiere nicht mehr als Maschinen sind, ohne Seele, ohne Gefühle. Doch jeder, der einmal mit einem Tier zusammen gelebt hat, sei es mit einem Hund, einem Vogel oder gar einer Maus, weiß, dass diese Theorie eine dreiste Lüge ist, die nur erfunden wurde, um Grausamkeit zu rechtfertigen.“

Eine große Anzahl von bedeutenden Schriftstellern, Philosophen und Wissenschaftlern waren Vegetarier, wie Isaac Newton, Albert Einstein, Franz von Assisi, George Bernard Shaw und Mark Twain.

Auch heutzutage gibt es zahllose Prominente – Schauspieler, Schriftsteller, Sportler und Denker –, die aus ökologischen, ethischen oder sonstigen Gründen die vegetarische Ernährung bereitwillig angenommen haben. Einige von ihnen haben ihre bewusste Entscheidung, auf fleischliche Nahrung zu verzichten, freimütig zum Ausdruck gebracht.

Als berühmte Vegetarier können aus der Schauspielbranche genannt werden: Ornella Muti, Penelope Cruz, Orlando Bloom, Liv Tyler, Brad Pitt, Richard Gere, Jude Law, Josh Hartnett, Gwyneth Paltrow, Steve Martin, Alec Baldwin, Drew Barrymore, Ryan Gosling, Kim Basinger, Dustin Hoffman, Jean-Claude Van Damme, Anke Engelke, Christiane Rücker, Désirée Nosbusch, Nastassja Kinski, Barbara Rütting, Stephanie Kindermann, Ruth Maria Kubitschek, Beatrice Kessler, Charlotte Karlinder, Christine Kaufmann, Dirk Bach, Kai Wiesinger, Peter Falk und Robert Atzorn.

Berühmte vegetarisch lebende Musiker sind: Dr. Dre, die B52s, Paul McCartney, Chrissie Hynde, Joaquin Phoenix, André 3000, Meatloaf, Peter Gabriel, K.D. Lang, Elvis Costello, Melissa Etheridge, Jasmin Wagner (ehem. Blümchen), Julia Neigel, Juliette Schoppmann, Luci van Org (Lucilectric), Nina Hagen, Nena, Tanita Tikaram, Achim Reichel, Farin Urlaub (Die Ärzte), Kraftwerk, Reinhard Mey, Thomas D (Die Fantastischen Vier), Xavier Naidoo, Wolfgang Niedecken (BAP).

Vegetarisch lebende Models sind: Brooke Shields, Christy Turlington, Cindy Jackson, Christie Brinkley, Nadja Auermann und Tatjana Patitz.

Von Sportlern, die sich vegetarisch ernähren, sind die berühmtesten: Hank Aaron (Baseball), B.J. Armstrong (Basketball), Andreas Cahling (Bodybuilding), Sally Eastall (Marathon), Sylvia Cranston (Triathlon), Chris Campbell (Wrestling-Weltmeister), Aaron Pryor (Boxweltmeister), Edward Moses (Hürdenlauf), Robert de Castella (Olympiasieger im Marathonlauf), Anton Innauer (Olympiasieger im Skispringen) und Killer Kowalski (Wrestling).

Weitere berühmte Vegetarier sind die Buchautoren Franz Alt, Richard Bach, Rudolf Bahro, Karlheinz Deschner, Eugen Drewermann, Elke Heidenreich und Volker Elis Pilgrim; Steve Jobs (Gründer/CEO von Apple Inc. und den Pixar Animation Studios; Uri Geller (Psychokinetiker), Dimitri (Clown und Pantomime), Jean Ziegler (langjähriger

Schweizer Nationalrat, heute Sonderberichterstatter der UNO-Menschenrechtskommission für das Recht auf Nahrung); Jean Drnovšek (amtierender Staatspräsident Sloweniens).

Vegetarismus und Religion

In beinahe allen Glaubensrichtungen war oder ist der Verzicht auf Fleisch Bestandteil der religiösen Praxis. Einige ägyptische Priester waren Vegetarier und vermieden Fleisch, weil ihnen das half, ihr Zölibatsgelübde aufrechtzuerhalten. Auch Eier, die sie „flüssiges Fleisch" nannten, lehnten sie ab.

Obwohl das Alte Testament, die Grundlage des Judentums, Richtlinien für den Fleischverzehr enthält, wird doch klar, dass auch dort der Vegetarismus die ideale Lebensweise darstellt. In Genesis 1,29 verkündet Gott: „Seht da, ich habe euch gegeben allerlei Kraut, das sich besamt, auf der ganzen Erde und allerlei fruchtbare Bäume, die sich besamen, zu eurer Speise." Zu Beginn der Schöpfung, wie sie in der Bibel beschrieben ist, scheinen nicht einmal die Tiere Fleisch gegessen zu haben. In Genesis 1,30 sagt Gott: „Und allem Getier auf Erden und allen Vögeln unter dem Himmel und allem Gewürm, das da lebt auf Erden, dass sie allerlei grünes Kraut essen. Und es geschah also." Auch Genesis 9,4 verbietet den Verzehr von Fleisch direkt: „Allein esst das Fleisch nicht, das noch lebt in seinem Blut."

Ebenfalls im Alten Testament finden wir die Geschichte von Daniel, der während seiner Gefangenschaft in Babylon das Fleisch, das ihm von seinen Kerkermeistern angeboten wird, zurückweist und sich auf einfache vegetarische Nahrung beschränkt.

Ein Stolperstein für viele Christen ist der Glaube, Jesus habe Fleisch gegessen. Es gibt allerdings keine einzige Stelle im Neuen Testament, die dies direkt bestätigt. Dies steht in Einklang mit der berühmten Prophezeiung des Jesaja (7,14–15) über Jesu Erscheinen: „Siehe, eine Jungfrau ist schwanger und wird einen Sohn gebären, den wird sie heißen Immanuel. Butter und Honig wird er essen, dass er wisse, Böses zu verwerfen und Gutes zu erwählen."

Clemens von Alexandrien, ein früher Kirchenvater, empfahl eine fleischlose Ernährung und berief sich dabei auf das Beispiel des Apostels Matthäus, der „Samenkörnern, hartschalige Früchte und Gemüse ohne Fleisch" zu sich nahm.

Der heilige Hieronymus, eine weitere Autorität der frühchristlichen Kirche, der die Bibel ins Lateinische übersetzte (die noch heute verwendete *Vulgata*), schrieb: „Die Zubereitung von Gemüse, Obst und Hülsenfrüchten ist einfach und erfordert keine teuren Köche." Seiner Ansicht nach war eine solche Ernährung für ein Leben der Hingabe im Streben nach Weisheit am besten geeignet.

Dem heiligen Chrysostomos zufolge ist Fleischessen für Christen eine grausame und unnatürliche Lebensweise. „Wir ahmen ja nur die Wölfe, nur die Leoparden nach oder sind gar noch schlimmer als diese. Denn ihnen hat es die Natur zugewiesen, sich so zu ernähren, uns jedoch hat Gott mit der Sprache und mit einem Sinn für Gleichheit gesegnet. Doch wir sind schlimmer geworden als die wilden Tiere."

St. Benedikt, der im Jahre 529 den Benediktinerorden gründete, verordnete seinen Mönchen pflanzliche Nahrung als Speise. Auch der Trappistenorden verbot bei seiner Gründung im 17. Jahrhundert Nahrung aus Fleisch und Eiern. Auf dem zweiten Vatikanischen Konzil in den 1960er Jahren wurden diese Bestimmungen gelockert, doch die meisten Trappisten folgen weiterhin den ursprünglichen Lehren. Erstaunlicherweise aber betreiben viele Trappistenklöster Viehzucht zur Schlachtung, um sich finanziell erhalten zu können.

Nicht nur Juden und Christen können sich bezüglich des Vegetarismus auf die Tradition berufen. Auch der Prophet Mohammed soll sich hauptsächlich von verdünnter Milch, Joghurt, Honig, Nüssen, Feigen und Datteln ernährt haben. Er wird wie folgt zitiert: „Wer gegenüber einem Tier Mitleid fühlt, dem wird auch Allah Mitgefühl schenken." Komplizierte religiöse Vorschriften zur Erlangung fleischlicher Nahrung dienen offensichtlich der Eindämmung dieser Angewohnheit. So soll der Schlächter dem Tier bei der Tötung in die Augen sehen. Wenn das Tier weint, soll auch der Schlächter weinen. Da die Anhänger Mohammeds offensichtlich nicht direkt verstehen konnten, warum sie möglichst gewaltlos sein sollten, wurden sie auf diese Weise indirekt belehrt.

Die meisten Vegetarier finden wir in Indien, dem Heimatland des Buddhismus und Hinduismus. Der Buddhismus nahm seinen Anfang als eine Reaktion auf die weitverbreiteten Tieropfer im Rahmen missverstandener religiöser Rituale. Buddha beendete diese Praktiken durch seine Lehre der *ahiṁsā,* der Gewaltlosigheit.

Indische Philosophie und Gewaltlosigkeit

Die vedischen Schriften Indiens, die aus der Zeit vor dem Buddhismus stammen, betonen ebenfalls das Prinzip der Gewaltlosigkeit als ethische Grundlage des Vegetarismus. Die *Manu-saṁhitā*, das altindische Gesetzbuch, erklärt: „Fleisch kann niemals gewonnen werden, ohne einem Lebewesen Leid zuzufügen, und dies ist dem Erreichen himmlischer Glückseligkeit abträglich. Der Mensch sollte daher dem Genuss des Fleisches entsagen." An einer anderen Stelle warnt die *Manu-saṁhitā*: „Möge der Mensch in Anbetracht des abscheulichen Ursprungs von Fleisch sowie der Grausamkeit des Jagens und Tötens verkörperter Wesens dem Fleischessen vollständig abschwören!"

In den letzten vierzig Jahren hat die Hare-Kṛṣṇa-Bewegung diese ethischen Überlegungen in aller Welt verbreitet. Śrīla Prabhupāda, der Gründer der Bewegung, sagte einmal: „In der *Manu-saṁhitā* wird jeglicher Mord verurteilt, und tatsächlich wird dies auf der ganzen Welt so gehandhabt. In ähnlicher Weise gibt es andere Gesetze, die besagen, man dürfe nicht einmal eine Ameise töten, ohne dafür zur Rechenschaft gezogen zu werden. Da wir kein Leben erschaffen können, haben wir auch nicht das Recht, ein Lebewesen zu töten. Deshalb sind von Menschen erfundene Gesetze, die zwischen dem Töten eines Menschen und dem Töten eines Tieres unterscheiden, unvollkommen. … Nach den Gesetzen Gottes ist es ebenso strafbar, ein Tier zu töten, wie einen Menschen zu töten. Wer zwischen diesen beiden Taten einen Unterschied macht, bastelt sich seine eigenen Gesetze zurecht. Sogar in den Zehn Geboten schreibt man uns vor: ‚Du sollst nicht töten.' Das ist ein vollkommenes Gesetz, aber indem der Mensch unterscheidet und spekuliert, entstellt er es: ‚Ich soll nicht töten, aber ich darf Tiere töten.' Auf diese Weise betrügen die Menschen sich selbst und fügen sich und anderen Leid zu."

Śrīla Prabhupāda betont das vedische Konzept von der Einheit allen Lebens: „Alle Lebewesen sind Geschöpfe Gottes, wenn auch in verschiedenen Körpern und Kleidern. Gott ist der eine höchste Vater. Ein

Vater kann viele Kinder haben. Einige mögen intelligent und andere weniger intelligent sein. Wenn aber ein intelligenter Sohn zum Vater sagt: ‚Mein Bruder ist nicht sehr intelligent. Ich will ihn umbringen', wird dann der Vater einverstanden sein? … Wenn nun Gott der höchste Vater ist, warum sollte er dann das Töten von Tieren erlauben, die doch auch seine Kinder sind?"

4

Karma und Reinkarnation

„Wenn jemand einen Menschen tötet, wird er gehängt. Das ist das Gesetz des Staates. Aufgrund von Unwissenheit erkennen die Menschen nicht, dass es einen kosmischen Überstaat gibt, der von Gott beherrscht wird. Alle Lebewesen sind Kinder Gottes, und Gott duldet nicht einmal, dass wir eine Ameise töten. Wir müssen dafür büßen."

– Śrīla Prabhupāda

Die Todesstrafe ist die äußerste Strafmaßnahme des Staates, und es gibt kein größeres Opfer als die Hingabe des eigenen Lebens zum Wohl anderer. Obwohl wir aber scheinbar dem Leben einen so großen Wert beimessen, werden Jahr für Jahr in der Welt Milliarden hilfloser Tiere getötet. Solches Massenschlachten ist jedoch nicht notwendig, um uns vor dem Hunger zu bewahren. Vielmehr ist es aus ökonomischer Sicht verschwenderisch, aus ethischer Sicht verwerflich und noch dazu immens umweltschädlich. Besonders schlimm ist jedoch die Tatsache, dass das Tieretöten gegen das kosmische Karmagesetz verstößt, das mit dem in der modernen Wissenschaft bekannten Prinzip von Aktion und Reaktion vergleichbar ist.

Wissenschaftler verstehen genau, wie auf der Ebene materieller Objekte das Gesetz von Aktion und Reaktion wirkt („Auf jede Aktion folgt eine gleichartige, entgegengerichtete Reaktion"); das subtilere Gesetz von Aktion und Reaktion auf der Ebene des Bewusstseins ist den meisten von ihnen jedoch kein Begriff. Dennoch ahnen wir instinktiv, dass wir alle für unser Glück und Leid selbst verantwortlich sind. Wenn uns ein Missgeschick trifft, dämmert uns der Gedanke: „Das habe ich mir vielleicht selbst zuzuschreiben."

Hin und wieder hören wir sogar, wie jemand unglückliche Lebensumstände scherzhaft seinem „schlechten Karma" zuschreibt. Aber das Gesetz des Karmas ist eine unumgängliche Tatsache, und es versichert uns, dass ein Mensch, der anderen Wesen Gewalt und Leid zufügt, selbst ein gleichwertiges Maß an Gewalt und Leid erfahren muss, sei es sofort oder in der Zukunft. Auf diese Weise wird das Universum in Balance gehalten.

Auch bei uns im Westen ist es vielen bekannt, dass Karma eng mit dem Prinzip der Reinkarnation verwandt ist. In dem größten spirituellen Klassiker Indiens, der *Bhagavad-gītā*, beschreibt Śrī Kṛṣṇa die Seele als die Quelle des Bewusstseins und als das aktive Prinzip im Körper eines jeden Lebewesens. Diese Lebenskraft ist bei allen Lebewesen von gleicher spiritueller Qualität; sie unterscheidet sich von der Materie, welche die vergänglichen materiellen Formen umfasst, und ist dieser übergeordnet. Zum Zeitpunkt des Todes wandert die unzerstörbare Seele in einen anderen materiellen Körper, so wie ein Mensch seine Kleidung wechselt. Alle Lebewesen (nicht nur ein paar auserwählte Individuen) sind diesem Kreislauf der Reinkarnation Leben für Leben ausgesetzt. Die *Bhagavad-gītā* erklärt: „Wie ein Mensch alte Kleider ablegt und neue anzieht, so gibt die Seele alt und unbrauchbar gewordene Körper auf und nimmt neue materielle Körper an."

Die Reise der Seele

Die vedischen Schriften erklären, dass die Seele, *ātmā* genannt, in jede beliebige der 8 400 000 Lebensformen eingehen kann. Die materiellen Körper unterscheiden sich in ihrer Komplexität – angefangen von primitiven Mikroben und Amöben über Wasserlebewesen, Pflanzen, Insekten, Reptilien, Vögel, Säugetiere bis hin zum Menschen und den Halbgöttern. Infolge seines Wunsches, die Materie zu genießen, wandert der *ātmā* auf einer endlosen Reise von Geburt und Tod kontinuierlich durch diese verschiedenen Körper hindurch.

Die Aktivität des Geistes ist die primäre Kraft, die das Lebewesen von einem Körper zum anderen treibt. Die *Gītā* erklärt: „Den Daseinszustand, an den man sich zur Stunde des Todes, wenn man den Körper verlässt, erinnert, diesen Zustand wird man ohne Zweifel erreichen."

Unser Geist ist pausenlos damit beschäftigt, unsere Gedanken und Wünsche zu speichern, und die Fülle dieser Erinnerungen durchflutet das Bewusstsein in den letzten Momenten unseres Lebens. Die Beschaffenheit unserer Gedanken in diesem kritischen Augenblick treibt uns in einen entsprechenden physischen Körper. Somit spiegelt der Körper, den wir nun besetzt halten, genau unseren Geisteszustand zur Zeit unseres letzten Todes wider.

Die *Bhagavad-gītā* erklärt: „Wenn das Lebewesen auf diese Weise einen neuen materiellen Körper annimmt, erhält es einen bestimmten Satz von Sinnen – Augen, Ohren, Zunge, Nase und Tastsinn –, die sich um den Geist gruppieren. Auf diese Weise genießt es ein bestimmtes Spektrum von Sinnesobjekten."

Laut den vedischen Schriften entwickelt sich die Seele, solange sie unterhalb der menschlichen Spezies steht, automatisch zur nächsthöheren Gattung, bis sie letztlich die menschliche Lebensform erreicht. Weil aber der Mensch die Freiheit besitzt, sich zwischen materiellem und spirituellem Leben zu entscheiden, besteht auch die Möglichkeit, in niedere Gattungen hinabzusinken. Die Gesetze des Karmas ermöglichen einem Menschen mit einer tierischen Mentalität – etwa der eines Hundes –, in seinem nächsten Leben mit den Sinnen und Organen eines Hundes seine hündischen Begierden auszuleben. Das ist für den Betreffenden zweifellos bedauerlich, doch ein solches Schicksal ist für einen Menschen, der in Unwissenheit getaucht ist, definitiv möglich. In der *Gītā* heißt es: „Wer in der Erscheinungsweise der Unwissenheit stirbt, wird im Tierreich geboren."

Es ist also möglich, dass die Seele in einem Tierkörper früher einmal als Mensch gelebt hat oder umgekehrt. Obgleich eine Seele nacheinander einen Pflanzenkörper, einen Tierkörper und einen menschlichen Körper bewohnen kann, bleibt ihr eigentliches Wesen stets dasselbe. Da die Seele reine spirituelle Energie ist, kann sie von der Materie unter keinen Umständen verändert werden. Die *Bhagavad-gītā* beschreibt daher die Seele als unveränderlich. Es ist lediglich die äußere Bedeckung, der Körper mitsamt seiner besonderen Kombination von Geisteskraft und Sinnen, der die bewusste Energie der Seele für eine gewisse Zeit entweder beschränkt oder freisetzt.

Die Gleichheit aller Lebewesen

Die grundlegende transzendentale Gleichheit aller bewussten Lebewesen ist keine abstrakte Vorstellung, sondern ergibt sich aus der alltäglichen Beobachtung, wenn man einmal hinter die oberflächlichen Unterschiede schaut, die sich aus den verschiedenen materiellen Körpern ergeben. Jeder, der einmal ein Haustier hatte oder den Zoo besucht hat, hat erfahren, dass Tiere in ihrem Verhalten dem Menschen stark ähneln. Sie suchen nach Nahrung, sie beschützen ihre Nachkommen, sie spielen, sie schlafen und sie kämpfen. Einzig ihre Intelligenz und ihre Emotionen sind weniger entwickelt als beim Menschen. Diese Unterscheidung verblasst jedoch angesichts der zahlreicheren und signifikanteren Gemeinsamkeiten im Denken, Fühlen und Wollen. Diese Gemeinsamkeiten weisen auf die universale Gleichheit des Bewusstseins in allen Körpern hin.

Ein Lebewesen einer nichtmenschlichen Gattung wird von seinen natürlichen Instinkten beherrscht. Es kann in seinem Verhalten in Bezug auf Essen, Schlafen, Paarung und Verteidigung nicht frei wählen, da es von seinen körperlichen Trieben gezwungen wird, rigiden Verhaltensmustern zu folgen. Aus diesem Grund ist der *ātmā* in niederen Lebensformen als der menschlichen für seine Handlungen nicht verantwortlich und ruft kein neues Karma hervor. Ein ähnliches Prinzip findet sich in unseren alltäglichen Erfahrungen – ein Hund, der eine Katze über die Straße verfolgt, braucht sich nicht an die Verkehrsordnung zu halten. Von Tieren kann man nicht erwarten, komplizierte Regelwerke zu beachten. Der Mensch hingegen ist verpflichtet, die Gesetze der Gesellschaft und die des Kosmos sowohl zu kennen als auch zu befolgen.

Wenn daher ein Mensch einer anderen Kreatur unnötigerweise das Leben nimmt und ihr gar dabei noch Schmerzen und Leid verursacht, erwartet ihn eine immense Karma-Reaktion. Und wenn Jahr für Jahr Millionen von Tieren in riesigen Schlachtfabriken gnadenlos getötet werden, dann erreicht das von allen Beteiligten verursachte Karma unfassbare Ausmaße.

In seinem Kommentar zur *Bhagavad-gītā* warnt Śrīla Prabhupāda vor den karmischen Gefahren der Tierschlachtung: „Wenn jemand einen Menschen tötet, wird er gehängt. Das ist das Gesetz des Staates. Aufgrund von Unwissenheit erkennen die Menschen nicht, dass es einen kosmischen Überstaat gibt, der von Gott beherrscht wird. Alle Lebewesen sind Kinder Gottes, und Gott duldet nicht einmal, dass wir eine Ameise töten. Wir müssen dafür büßen."

„Was du nicht willst, dass man dir tu ..."

Dieses Prinzip findet man in allen religiösen Lehren. Die Bibel sagt deutlich: „Du sollst nicht töten!", und Jesus, der allen Lebewesen gegenüber tiefes Mitgefühl zeigte, sagte: „Alles nun, was ihr wollt, dass man euch tun soll, das tut ihnen auch." Buddha lehrte *ahiṁsa*, Gewaltlosigkeit, insbesondere um unschuldige Geschöpfe vor dem Schlachten zu beschützen.

Viele Menschen halten es für grausam, selber ein Tier zu töten, glauben aber, durch den bloßen Fleischverzehr hätten sie mit dem Gewaltakt nichts zu tun. Nach dem Gesetz des Karmas sind jedoch alle, die irgendwie am Tod eines Tieres beteiligt sind, haftbar – derjenige, der die Tötung erlaubt, derjenige, der das Tier tötet, bei der Tötung behilflich ist, das Fleisch kauft, es kocht oder es isst. (Diese sechs Schuldigen werden in der *Manu-saṁhitā*, dem bereits erwähnten historischen Gesetzeswerk Indiens, eigens aufgelistet.) Vor Gericht werden alle, die sich zu einem Mord verschworen haben, zur Verantwortung gezogen, besonders aber diejenigen, die den Täter bezahlt haben.

Unsere Psyche und unsere Emotionen sind für den Fortschritt unseres Lebens wesentlich. All unsere Gedanken und Taten beeinflussen unsere charakterliche Entwicklung. In der Bibel heißt es: „Wie du säst, so wirst du ernten." Die subtilen Gesetze des Karmas lehren uns, dass Menschen, die regelmäßig direkt oder indirekt den Tod anderer Lebewesen zu verantworten haben, negative Charakterzüge wie Feindseligkeit, Grausamkeit, Depression, Arroganz, Apathie, Gefühlskälte, Angst und Neid tragen. Jemandem hingegen, der sich vegetarisch ernährt, fällt es leichter, friedfertig, glücklich und fleißig zu sein und sich um das Wohl anderer zu sorgen. Wie schon Albert Einstein sagte: „Rein durch ihre physische Wirkung auf das menschliche Temperament würde die vegetarische Lebensweise das Schicksal der Menschheit äußerst positiv beeinflussen können." Aber das durch destruktives, gewalttätiges Handeln hervorgerufene negative Karma verunreinigt das Bewusstsein des Menschen und bedeckt seine guten Eigenschaften.

Die Ursache der Gewalt

Trotz beeindruckender Fortschritte in Wissenschaft und Technik befindet sich unsere Welt in einer Krise. Die unablässige Gewalt in Form von Kriegen, Terrorismus, Mord, Vandalismus, Kindesmissbrauch und Abtreibung spricht für sich. Seit Gründung der Vereinten Nationen 1945 sind mehr als 140 Kriege geführt worden, und allein in den USA werden jedes Jahr 20 000 Menschen ermordet. Da soziale und politische Lösungsversuche offensichtlich scheitern, wäre es vielleicht an der Zeit, das Problem von einer anderen Perspektive her zu analysieren, nämlich der des Karma-Gesetzes. Die gefühllose und brutale Schlachtung zahlloser hilfloser Tiere ist gewiss als eine Ursache dieser Welle der unkontrollierten Gewalt anzusehen.

In seinen Erläuterungen zum *Śrīmad-Bhāgavatam* hebt Śrīla Prabhupāda hervor, dass die allgemeine Verrohung der Gesellschaft eine karmische Folge der Tierschlachtung ist. „In diesem Zeitalter ist die Bereitschaft zu Barmherzigkeit beinahe auf null gesunken. Infolgedessen bekämpfen sich die Menschen und bekriegen sich die Nationen. Die Menschen verstehen nicht, dass ein Mensch, der viele Tiere tötet, auf ähnlich brutale Weise zu Tode kommen wird. Dies ist in den westlichen Ländern sehr deutlich zu beobachten. Im Westen dürfen unbegrenzt viele Schlachthäuser betrieben werden. Aufgrund dessen gibt es alle fünf oder zehn Jahre einen großen Krieg, in dem zahllose Menschen auf noch grausamere Art als die Tiere abgemetzelt werden. Manchmal halten die Soldaten ihre Feinde während des Krieges in Konzentrationslagern gefangen und töten sie auf brutalste Weise. Dies sind die Reaktionen des uneingeschränkten Tötens von Tieren in den Schlachthäusern."

Manchmal wird die Frage gestellt, warum denn, wenn doch der *ātmā* vollständig transzendental zum materiellen Körper ist, das Töten (wenn großer Schmerz vermieden wird) unrechtmäßig ist. Auch die *Bhagavad-gītā* sage ja: „Für die Seele gibt es weder Geburt noch Tod. Sie wird nicht getötet, wenn der Körper getötet wird." In seinen Erläuterungen zum

Śrīmad-Bhāgavatam erörtert Śrīla Prabhupāda diese Frage: „Alle Lebewesen sind für eine bestimmte Dauer in einem bestimmten materiellen Körper gefangen. Sie müssen die Zeit, die ihnen in einem bestimmten Körper zugeteilt ist, durchmachen, bevor sie in einen andere Art von Körper versetzt oder erhoben werden. Wenn man ein Tier oder ein anderes Lebewesen tötet, behindert man es auf seinem Weg, seine Zeit der Gefangenschaft in einem bestimmten Körper zu beenden. Man sollte deshalb kein Lebewesen zur eigenen Sinnesbefriedigung töten, denn dies wird einen in sündhafte Tätigkeiten hineinziehen." Kurzum, das Töten eines Tieres unterbricht dessen Fortschritt in der aufsteigenden Evolutionskette.

Dass das Töten von Tieren ein Unrecht ist, verstehen wir, wenn wir den Körper als Wohnsitz der Seele betrachten. Menschen, die unerwartet aus ihrem trauten Heim vertrieben werden, haben schwer darunter zu leiden. Eine solch gnadenlose und unrechte Tat ist zweifellos ein Verbrechen. Außerdem muss jedes Lebewesen in der Zeit vor der Geburt große Qualen erleiden. Im Falle des Menschen bedeutet diese Periode, monatelang auf engstem Raum im dunklen Mutterschoß zu verharren, wo der Embryo von Infektionen belästigt wird, wo säurehaltige Flüssigkeiten die Haut irritieren und wo er aufgrund der Ess- und Trinkgewohnheiten der Mutter diverse Unannehmlichkeiten erdulden muss.

Töten nicht auch Vegetarier?

Aus den obigen Ausführungen ergibt sich die folgende Frage: „Wenn alle Lebewesen spirituell gleich sind, warum kann man dann Getreide, Gemüse und Früchte essen, Fleisch aber nicht? Machen sich Vegetarier nicht auch schuldig, indem sie zum Beispiel Gemüse töten?" Man kann hierauf antworten, dass die meisten Nährpflanzen nicht getötet werden müssen. Aber selbst dann, wenn einer Pflanze das Leben genommen wird, ist der damit verbundene Schmerz sehr viel geringer, als wenn ein Tier geschlachtet wird, da das Bewusstsein einer Pflanze weniger entwickelt ist. Es ist zweifellos ein Unterschied, ob man eine Möhre aus dem Boden zieht oder ob man ein Lamm tötet. Dennoch muss man auch für das Töten einer bloßen Pflanze karmische Reaktionen erleiden.

Aus diesem Grund erklärt Śrī Kṛṣṇa in der *Bhagavad-gītā*, dass Menschen nicht nur ausschließlich vegetarische Nahrung zu sich nehmen, sondern die Speisen auch ihm opfern sollten. Wenn wir diesem Vorgang des Opferns folgen, wird uns Gott (Kṛṣṇa) vor allen karmischen Reaktionen, die durch das Töten der Pflanzen entstanden sind, bewahren. Andernfalls sind wir nach dem Gesetz des Karmas selbst dafür verantwortlich. Die *Gītā* sagt: „Die Geweihten des Herrn sind von allen Arten von Sünden befreit, da sie Nahrung essen, die zuerst als Opfer dargebracht wurde. Andere, die Nahrung für ihren eigenen Sinnesgenuss zubereiten, essen wahrlich nur Sünde."

Śrīla Prabhupāda führt dieses Prinzip des spirituellen Vegetarismus näher aus: „Dem Menschen stehen dank Gottes Gnade Getreide, Gemüse, Früchte und Milch zur Verfügung, aber er sollte diese Gnade wertschätzen. Er sollte sich zum Dank dafür, dass er stets mit Nahrung versorgt wird, Gott verpflichtet fühlen und ihm die Speisen zuerst in einem Opfer darbringen und dann die Reste zu sich nehmen." Indem man solche geheiligte Nahrung – *prasāda* – zu sich nimmt, ist man vor karmischen Reaktionen geschützt und macht spirituellen Fortschritt.

5

Vegetarismus und mehr

„Wenn mir jemand mit Liebe und Hingabe ein Blatt, eine Blume, eine Frucht oder etwas Wasser darreicht, werde ich diese Gabe annehmen."

– Śrī Kṛṣṇa in der *Bhagavad-gītā*, 9.26

Abgesehen von Bereichen wie Gesundheit, Psychologie, Ökonomie, Ethik und sogar Karma, besitzt der Vegetarismus noch eine höhere, eine spirituelle Dimension, die uns helfen kann, unsere natürliche Wertschätzung für Gott und unsere Liebe zu Ihm zu entwickeln. Wer durch den Supermarkt läuft, vergisst vielleicht eine grundlegende Gegebenheit der Natur: Nicht der Mensch produziert die Nahrung, sondern Gott. Das Wachsen der Nahrung ist eine geheimnisvolle Angelegenheit. Man setzt einen winzigen Samen in die Erde, der Same keimt, und aus der mysteriösen Lebenskraft in seinem Innern geht eine regelrechte Nahrungsfabrik hervor. Eine Tomatenstaude bringt Duzende köstlicher, roter Tomaten hervor, ein Apfelbaum ganze Körbe saftiger Äpfel. Kein Team von Wissenschaftlern hat jemals irgendwo etwas so Erstaunliches erfunden wie diese Schöpfung.

Aber anstatt die Existenz einer höheren Intelligenz anzuerkennen, führen die Wissenschaftler die Öffentlichkeit mit ihren Theorien der chemischen Evolution in die Irre. Ohne echte Beweise behaupten sie, der Ursprung des Lebens seien chemische Substanzen. Und doch können sie diese Substanzen nicht nutzen, um nur ein Samenkorn herzustellen, der zu einem Weizenhalm heranwächst, der wiederum etliche Samenkörner produziert, die ebenfalls keimen und Hunderte weiterer Weizenhalme hervorbingen.

Haben wir einmal erkannt, dass Leben nur von etwas Lebendigem kommen kann, dann ist es nur vernünftig zu vermuten, dass alles Leben von einer gemeinsamen Quelle stammt, von Gott, der den Muslimen als Allah, den Juden als Jahweh, den Christen als Jehovah und den Anhängern der Veden als Kṛṣṇa bekannt ist.

Zumindest sollten wir aus Dankbarkeit unsere Speisen Gott opfern. Jede Religion hat ihren Vorgang der Danksagung, doch der in den vedischen Schriften Indiens beschriebene Pfad ist insofern einzigartig, als hier das Speiseopfer Teil eines hochentwickelten Yogasystems ist, das uns hilft, unsere liebevolle Beziehung zu Gott zu entwickeln. Dieses System wird *bhakti-yoga* genannt.

Ursprünglich hat jede Seele eine direkte Beziehung zu Gott in der spirituellen Welt, und gemäß den Veden liegt der Hauptzweck des Lebens darin, diese verlorene Beziehung wiederzubeleben. Im Sanskritklassiker *Śrīmad-Bhāgavatam*, der „reifen Frucht am Baum des vedischen Wissens", heißt es: „Die menschliche Lebensform gewährt einem die Möglichkeit nach Hause, zu Gott zurückzukehren. Daher muss sich jedes Lebewesen, besonders in der menschlichen Lebensform, im hingebungsvollen Dienen beschäftigen."

Hingebungsvoller Dienst, *bhakti-yoga,* ist die höchste Form des Yoga. In der *Bhagavad-gītā* erklärt Śrī Kṛṣṇa, der Meister des Yoga, nachdem er unterschiedlichste Formen des Yoga erörtert hat: „Von allen Yogis ist derjenige, der großen Glauben besitzt und immer in mir weilt, immer an mich denkt und mir transzendentalen liebevollen Dienst darbringt, am engsten mit mir in Yoga vereint, und er ist der höchste von allen. Das ist meine Meinung." Śrī Kṛṣṇa erklärt weiter: „Nur durch liebevollen hingebungsvollen Dienst kann man mich so verstehen, wie ich bin, als den Höchsten Persönlichen Gott. Und wenn man sich durch diese Hingabe in vollem Bewusstsein über mich befindet, kann man in das Reich Gottes eingehen."

Der Yoga des Essens

Kṛṣṇa fasst den Vorgang des *bhakti-yoga* folgendermaßen zusammen: „Alles, was du tust, was du isst oder opferst, und alle Entsagung, die du dir auferlegst, solltest du mir als Opfer darbringen." Das Opfern der Nahrung ist also ein integraler Bestandteil des *bhakti-yoga*-Systems.

Kṛṣṇa benennt auch die Arten von Opfern, die er akzeptiert: „Wenn mir jemand mit Liebe und Hingabe ein Blatt, eine Blume, eine Frucht oder etwas Wasser opfert, werde ich diese Gabe annehmen." Fleisch, Fisch oder Eier befinden sich nicht darunter. Daher opfert ein *bhakta* ihm solche Dinge auch nicht. Aus Liebe bringt ein *bhakta* Kṛṣṇa nur die reinsten und erlesensten Speisen dar – und hierzu können wochenlang verrottende Körper geschlachteter Tiere oder potentielle Hühnerembryonen sicherlich nicht gehören.

In den meisten religiösen Systemen bitten die Menschen Gott, sie zu ernähren („Unser tägliches Brot gib uns heute!"), aber im Kṛṣṇa-Bewusstsein opfert der *bhakta* Gott seine Nahrung als Ausdruck seiner Liebe zu ihm. Selbst im täglichen Leben kochen Menschen füreinander aus Liebe. Dabei wird nicht allein die Speise gewürdigt, sondern die Liebe und die reine Absicht. Ebenso soll der Vorgang des Speiseopfers uns eine Hilfe bieten, unsere liebevolle Hingabe an Gott zu steigern. Natürlich ist es schwierig, jemanden zu lieben, den man noch nie gesehen hat. Glücklicherweise aber beschreiben die vedischen Schriften – und dies ist wohl einzigartig in der Welt – Gottes persönliches Wesen und seine Erscheinung ganz detailliert.

Das vedische Gottesbild ist kein vages Herantasten an etwas Unbeschreibliches. In den Schriften der meisten Religionen wird Gott als der Höchste Vater beschrieben, aber überraschenderweise werden über seine Persönlichkeit nur wenige Informationen geliefert. Christus nannte sich selbst Gottes Sohn, und Mohammed bezeichnete sich als Allahs Propheten. Über beide wissen wir ausführlich Bescheid. Aber was ist mit Gott selbst? Er erscheint nur indirekt – als eine Stimme vom Himmel oder als ein brennender Dornbusch.

Aber trotz dieses Mangels an Information ist Gott eine Person mit allem, was dazugehört: mit einer Gestalt, mit Kräften, Fähigkeiten und Sinnen. Wenn dies überraschend wirkt, dann fragen Sie sich bitte, ob es logisch ist zu behaupten, wir geschaffene Wesen hätten Sinne, Form und Eigenschaften, unser Schöpfer aber nicht. Kann es sein, dass die Geschöpfe etwas haben, was dem Schöpfer fehlt? Würden wir Form und Persönlichkeit besitzen, Gott aber nicht, dann wären wir ihm in dieser Hinsicht überlegen. Daher muss Gott, so wie wir, eine Person sein – die höchste Person – mit einer unendlich mächtigen spirituellen Gestalt. Wir sind nach seinem Bildnis geschaffen.

Westliche Künstler haben ihre ganze Vorstellungskraft ausgeschöpft, um Gott als einen mächtig gebauten alten Mann mit Bart darzustellen. Die vedischen Schriften liefern uns eine andere Beschreibung. Zunächst einmal ist Gott ewig jung, und er besitzt wunderbare spirituelle Eigenschaften, welche die Gemüter der befreiten Seelen zu Ihm hinziehen. Er ist der Höchste Künstler, der Höchste Musiker, er spricht bezaubernde Worte und offenbart ein unbegrenztes Ausmaß an Intelligenz, Humor und Genius. Außerdem entfaltet er unvergleichliche transzendentale Spiele mit seinen ewigen Gefährten. Die vedischen Schriften beschreiben seine anziehende Erscheinung, ohne ein Ende zu kennen. Daher wird Kṛṣṇa „allanziehend" genannt. Sobald wir Gottes persönliche Identität verstehen, wird es sehr viel leichter, über ihn zu meditieren, besonders wenn man ihm Speise opfert.

Da Kṛṣṇa allmächtig und völlig spirituell ist, wird alles, was mit ihm in Kontakt kommt, auch vollständig rein und spirituell. Selbst in der Natur gibt es gewisse Dinge, die eine reinigende Kraft besitzen. So kann etwa die Sonne mit ihren mächtigen Strahlen frisches, reines Wasser aus einem mit Giften verunreinigten See herausfiltern. Wenn ein materielles Objekt wie die Sonne auf diese Weise wirken kann, dann können wir uns die reinigende Kraft des Höchsten Persönlichen Gottes, der ohne Mühe Millionen von Sonnen geschaffen hat, nur vage vorstellen.

Spirituelle Nahrung

Durch seine immensen transzendentalen Energien kann Kṛṣṇa wahrhaftig materielle Substanz in spirituelle Substanz verwandeln. Wenn wir eine Eisenstange ins Feuer halten, wird sie glühendheiß und nimmt alle essenziellen Eigenschaften des Feuers an. Ebenso wird die Substanz, die wir Speise nennen, vollständig spiritualisiert, wenn sie Kṛṣṇa geopfert wird. Solche Speise wird *prasāda* genannt – ein Sanskritwort, das „Gnade" bedeutet.

Prasāda zu essen ist im *bhakti-yoga* ein grundlegendes Prinzip. Andere Formen des Yoga erfordern strikte Sinneskontrolle, aber *bhakti-yogīs* können ihre Sinne ungehindert für diverse angenehme spirituelle Tätigkeiten verwenden. Zum Beispiel können sie ihre Zunge damit beschäftigen, köstliche geopferte Speisen zu kosten. Durch solche Tätigkeiten werden die Sinne allmählich spiritualisiert und automatisch zu einer Erfahrung göttlicher Freude geleitet, die jede materielle Erfahrung bei weitem übersteigt.

In den vedischen Schriften werden *prasāda* und seine Effekte ausgiebig beschrieben. Śrī Caitanya, eine Inkarnation Gottes, die vor fünfhundert Jahren in Indien erschien, sagte über *prasāda*: „Die Zutaten an sich kennt jeder. Aber diese geopferten Speisen sind etwas ganz Besonderes. Jeder, der davon kostet, erfährt sogleich den Unterschied. Es ist nicht nur der himmlische Geschmack, auch die Aromen haben etwas so Bezauberndes an sich, dass man darüber alle bekannten Köstlichkeiten vergisst. Daraus können wir schließen, dass der spirituelle Nektar von Kṛṣṇas Lippen die Speise berührt und ihr alle seine spirituellen Eigenschaften verliehen hat."

Nur noch Speisen zu essen, die Kṛṣṇa geopfert wurden, ist die Perfektion der vegetarischen Ernährung. Denn auch viele Tiere wie Tauben und Affen sind Vegetarier, was also an sich noch nichts Besonderes ist. Die vedischen Schriften sehen den Zweck des menschlichen Lebens darin, die ursprüngliche Beziehung der Seele zu Gott wiederzuerwecken. Und zum Erreichen dieses Ziels können unsere Essgewohnheiten einen Beitrag leisten, nämlich dann, wenn wir vom Vegetarismus zum *prasāda* übergehen.

Kochen für Kṛṣṇa und das Speiseopfer

Unser Vegetarismus wird bereits von einem höheren Zweck beseelt, wenn wir durch die Gänge des Supermarkts laufen und die Nahrungsmittel auswählen, die wir Kṛṣṇa opfern wollen. In der *Bhagavad-gītā* teilt Kṛṣṇa sämtliche Nahrungsmittel in drei Erscheinungsweisen ein: Tugend, Leidenschaft und Unwissenheit. Milchprodukte, Zucker, Gemüse, Früchte, Nüsse und Getreide sind allesamt Nahrungsmittel in der Erscheinungsweise der Tugend und dürfen Kṛṣṇa geopfert werden. Als allgemeine Regel gilt, dass Nahrung in den Erscheinungsweisen der Leidenschaft und Unwissenheit nicht Kṛṣṇa geopfert werden können, der in der *Gītā* erklärt, dass solche Speisen „faul, verdorben und unrein" sind und „Schmerzen, Elend und Krankheit hervorrufen". Wie zu vermuten, befinden sich Fleisch, Fisch und Eier in den niederen Erscheinungsweisen. Doch auch einige vegetarische Nahrungsmittel werden den niederen Erscheinungsweisen zugerechnet, etwa Knoblauch und

Zwiebeln. (Asafötida, auch Hing genannt, gilt als akzeptabler Ersatz für Zwiebeln und Knoblauch und ist in den meisten orientalischen und indischen Feinkostläden erhältlich.) Kaffee- und Teesorten, die Koffein enthalten, gelten ebenfalls als Nahrung in den niederen Erscheinungsweisen. Wenn Sie heiße Getränke mögen, dann nehmen Sie koffeinfreien Kaffee und Kräutertee.

Beim Einkauf sollten Sie beachten, dass viele Nahrungsmittel Fleisch- Fisch- oder Eiprodukte enthalten. Lesen Sie daher sorgsam das Etikett durch. So verwenden etwa einige Joghurt- oder Sauerrahmhersteller Gelatine, eine Substanz, die aus den Hörnern, Hufen und Knochen geschlachteter Tiere gewonnen wird. Achten Sie beim Käse darauf, dass er ohne tierisches Lab hergestellt ist, denn dies ist ein Enzym, das dem Magengewebe von Kälbern entnommen wird.

Auch Speisen, die von Menschen vorgekocht wurden, die keine Geweihten Kṛṣṇas sind, sollte man meiden. Es ist ein subtiles Naturgesetz, dass der Koch nicht nur stofflich, sondern auch mental das Essen, das er zubereitet, beeinflusst und dass diese feinstofflichen Einflüsse über das Essen auf unser Bewusstsein übertragen werden. Ein Beispiel soll dieses Prinzip veranschaulichen. Ein Gemälde ist nicht nur eine Ansammlung von Strichen auf einer Leinwand. Es ist auch der Ausdruck des Gemütszustandes des Malers. Der Gedankeninhalt wird gewissermaßen von dem Betrachter aufgenommen. In gleicher Weise nehmen wir die feinstofflichen Energien der Speisen auf, die ohne spirituelles Bewusstsein gekocht wurden, wie etwa bei industriell hergestellten Nahrungsmitteln. Versuchen Sie also, soweit wie möglich frische Zutaten aus der Natur zu verwenden.

Für jedes Zubereiten von Speisen ist das wichtigste Prinzip die Sauberkeit. Gott sollte nichts Unreines geopfert werden. Halten Sie deshalb ihren Arbeitsbereich immer sehr sauber. Waschen Sie Ihre Hände sorgfältig, bevor Sie mit der Zubereitung beginnen. Und kosten Sie während des Kochens die Speise nicht. Dies ist Teil der Meditation, mit der Sie sich bewusst machen können, dass Sie die Speise nicht für sich, sondern zur Freude Kṛṣṇas kochen. Kṛṣṇa sollte der Erste sein, der das, was Sie gekocht haben, genießen darf.

Wenn das Mahl bereit ist, kann es geopfert werden. Servieren Sie einen Teil der Speise auf einem Service, das nur für diesen Zweck bestimmt ist. (Niemand anders sollte davon essen.) Die einfachste Form des Opferns ist, das folgende Gebet zu sprechen: „Lieber Kṛṣṇa, bitte nimm diese Speise an." Erinnern Sie sich dabei an den eigentlichen Zweck, nämlich Gott Ihre Hingabe und Ihre Dankbarkeit zu zeigen. Die dargebrachte Speise an sich ist zweitrangig. Ohne das Gefühl der Hingabe wird die Opferung nicht angenommen werden. Gott ist in sich selbst vollkommen. Es mangelt ihm an nichts. Unsere Opferung ist lediglich ein Mittel für uns, um ihm gegenüber unsere Liebe und Dankbarkeit auszudrücken. Nach der Opferung sollte man für einige Minuten das Hare-Kṛṣṇa-Mantra sprechen: Hare Kṛṣṇa, Hare Kṛṣṇa, Kṛṣṇa Kṛṣṇa, Hare Hare / Hare Rāma, Hare Rāma, Rāma Rāma, Hare Hare. Dann kann der *prasāda* serviert werden. Versuchen Sie, die spirituelle Qualität des *prasāda* zu würdigen, indem Sie sich vorstellen, wie es Sie von den Wirkungen des Karmas befreit. Aber am wichtigsten ist: Genießen Sie es.

Eines Tages werden Sie sich vielleicht wünschen, Ihre Opferung noch formgerechter durchzuführen, so wie es von der Hare-Kṛṣṇa-Bewegung für Personen empfohlen wird, die Kṛṣṇa-Bewusstsein zu Hause praktizieren möchten. Dazu richtet man sich, kurz gesagt, einen einfachen Altar mit Bildern von Kṛṣṇa und dem spirituellen Meister ein und lernt ein paar einfache Sanskrit-Mantras. Wenn Sie gerne wüssten, wie das im Einzelnen gemacht wird, dann wenden Sie sich bitte an den nächsten Hare-Kṛṣṇa-Tempel oder schreiben Sie an einer der Adressen, die zu Beginn dieses Buches zu finden sind.

Weitere Prinzipien des *bhakti-yoga*

Prasāda zu opfern ist natürlich nur ein Teil des *bhakti-yoga.* Um Ihr Bewusstsein noch mehr zu reinigen und Ihre Sinne noch mehr zu spiritualisieren, können Sie noch weitere Bestandteile des hingebungsvollen Dienstes ausführen. Nummer eins ist das regelmäßige Chanten des Hare-Kṛṣṇa-Mantras: Hare Kṛṣṇa, Hare Kṛṣṇa, Kṛṣṇa Kṛṣṇa, Hare Hare / Hare Rāma, Hare Rāma, Rāma Rāma, Hare Hare. Die *Kali-santaraṇa Upaniṣad* sagt: „Diese sechzehn Namen oder zweiunddreißig Silben sind das einzige Mittel, um den üblen Effekten des Kali-Yuga [des gegenwärtigen Zeitalters des Streites und der Heuchelei] entgegenzuwirken. Alle vedischen Schriften erklären, dass es, will man den

Ozean der Unwissenheit überqueren, keinen anderen Weg gibt als das Chanten des heiligen Namens.“ Das Hare-Kṛṣṇa-Mantra kann man entweder gemeinsam mit anderen chanten, etwa unter Begleitung von Musikinstrumenten, oder aber für sich allein in stiller Meditation. In diesem Fall empfiehlt es sich, das Hare-Kṛṣṇa-Mantra auf einer speziell für diesen Zweck angefertigten Kette zu chanten.*

Um die Qualität Ihres spirituellen Lebens zu verbessern, sollten Sie Rauschmittel – Drogen, Alkohol, Zigaretten sowie auch koffeinhaltige Getränke meiden. Solche Dinge beeinträchtigen unnötigerweise die bereits durch die materielle Lebensauffassung benommene Geisteskraft. Außerdem empfehlen die vedischen Schriften einem Menschen, der im spirituellen Leben Fortschritte machen möchte, jede Art von Glücksspiel zu vermeiden, da dies unausweichlich Angst erzeugt und Gier, Neid und Zorn nährt. Auch unzulässiger Sex steigert die materiellen Bedürfnisse und blockiert daher die spirituelle Bewusstwerdung. Allerdings gestatten die Regeln des *bhakti-yoga* Sex innerhalb der Ehe zum Zweck der Zeugung von Kindern.

Wenn man diesen oben genannten Prinzipien folgt, kann man erfahren, wie die spirituelle Freude ein konkreter Teil des Lebens wird und ständig zunimmt. Insbesondere werden die Speiseopferungen eine immer größere Freude für Kṛṣṇa. Gott benötigt das Essen, das wir Ihm opfern, nicht. Aber er würdigt den Grad an Reinheit und Hingabe in unseren Herzen während der Opferung.

Um die Stufe der Vollkommenheit des Kṛṣṇa-Bewusstseins zu erreichen, sollte man sich der Führung eines spirituellen Meisters anvertrauen. In der *Bhagavad-gītā* sagt Śrī Kṛṣṇa: Versuche die Wahrheit zu verstehen, indem du dich an einen spirituellen Meister wendest, ihm in ergebener Haltung Fragen stellst und ihm Dienst darbringst. Die selbstverwirklichten Seelen können dich im Wissen unterweisen, weil sie die Wahrheit gesehen haben.“

Śrīla Prabhupāda, der als der größte kulturelle und spirituelle Bot-

* Weitere Informationen entnehmen Sie bitte dem Buch *Die Schönheit des Selbst* (insbesondere dem darin enthaltenen Artikel „Bhakti-Yoga zu Hause“), das im gleichen Verlag erschienen ist und die Meditation mithilfe des Hare-Kṛṣṇa-Mantras ausführlich schildert.

schafter Indiens bekannt ist, hat seine Schüler persönlich in der Kunst unterwiesen, für Kṛṣṇa zu kochen und *prasāda* zu verteilen. Außerdem erklärte er in seinen Büchern und öffentlichen Vorträgen, wie sehr die vedische Philosophie von der Praxis abhängt, sein Essen Kṛṣṇa zu opfern. „Wir sollten uns bewusst sein, dass der Vegetarismus an sich zweitrangig ist," sagte Śrīla Prabhupāda einmal. „Wirklich wichtig ist, dass wir einfach lernen, wie wir Kṛṣṇa lieben können. Liebe beginnt mit Geben und Nehmen. Wir geben unserem Geliebten etwas, er gibt uns etwas zurück, und auf diese Weise entwickelt sich die Liebe." Jeder kann an diesem liebevollen Vorgang teilhaben, indem er einfach Kṛṣṇa vegetarische Speisen opfert und die Überreste als *prasāda* annimmt.

6

Ein höherer Geschmack

Auszüge aus den Werken von
Śrī Śrīmad A. C. Bhaktivedanta Swami Prabhupāda

Das Märchen vom Nahrungsmangel

Durch die Gnade des Höchsten Persönlichen Gottes können solche Mengen an Früchten, Getreide und anderen Nahrungsmitteln erzeugt werden, dass alle Menschen der Welt sie nicht aufessen könnten, selbst wenn sie zehnmal mehr äßen als zuvor. In der materiellen Welt gibt es im Grunde keinen Mangel – nur einen Mangel an Kṛṣṇa-Bewusstsein. Wenn die Menschen Kṛṣṇa-bewusst werden, wird es durch den transzendentalen Willen des Höchsten Persönlichen Gottes genügend Nahrungsmittel geben, sodass die Menschen keinerlei wirtschaftliche Probleme haben. Diese Tatsache ist leicht einzusehen. Die Produktion von Früchten und Blumen hängt nicht von unserem Willen ab, sondern vom Willen des Höchsten Persönlichen Gottes. Wenn Er erfreut ist, kann Er uns mit genügend Früchten, Blumen usw. versorgen. Wenn aber die Menschen atheistisch und gottlos sind, wird die Natur Seinem Willen entsprechend unsere Versorgung mit Nahrungsmitteln drosseln.

Caitanya-caritāmṛta (*Ādi* 9.38)

Gott ist Vegetarier

Bill Faill: Ist es notwendig, bestimmten Essgewohnheiten zu folgen, um spirituelles Leben zu praktizieren?

Śrīla Prabhupāda: Ja. Spirituelles Leben soll uns läutern, und dabei spielt auch das Essen eine große Rolle. Der gesamte Vorgang ist dazu bestimmt, uns zu reinigen, und das Essen ist ein Teil dieser Reinigung. Soviel ich weiß, sagt man bei Ihnen auch: „Du bist, was du isst." Wie wahr! Unsere körperliche und geistige Verfassung richtet sich danach, wie und was wir essen. Deshalb empfehlen die *śāstras* [die heiligen Schriften], dass wir, um Kṛṣṇa-bewusst zu werden, die Überreste von Kṛṣṇas Speisen essen sollen. Wer die Essensreste eines Tuberkulosepatienten isst, steckt sich mit Tuberkulose an. Und wer *kṛṣṇa-prasāda* isst, wird mit Kṛṣṇa-Bewusstsein angesteckt. Deswegen bringen wir alle Speisen zuerst Kṛṣṇa dar, bevor wir essen. Das hilft uns, im Kṛṣṇa-Bewusstsein Fortschritt zu machen.

Bill Faill: Sind Sie alle Vegetarier?

Śrīla Prabhupāda: Ja, denn Kṛṣṇa ist Vegetarier. Kṛṣṇa kann alles essen, weil er Gott ist, doch in der *Bhagavad-gītā* (9.26) sagt er: „Wenn mir jemand mit Liebe und Hingabe ein Blatt, eine Blume, eine Frucht oder etwas Wasser opfert, werde ich es annehmen." Er sagt nie: „Gebt mir Fleisch und Wein."

Die Schönheit des Selbst (2007), Seite 179

Es gibt keinen Nahrungsmangel

Wenn wir ein Päckchen Getreide auf die Straße schütten, kommen die Tauben, fressen vier oder fünf Körnchen und gehen wieder. Sie werden nicht mehr nehmen, als sie fressen können. Und wenn sie sich satt gefressen haben, ziehen sie weiter, wohin sie mögen. Würden wir aber eine Palette Mehl auf die Straße stellen und die Menschen einladen, sich zu bedienen, dann würde ein Mann wohl zehn oder zwanzig Päckchen nehmen, ein anderer vielleicht fünfzehn oder dreißig usw. Diejenigen aber, die keine Möglichkeit haben, so viel zu tragen, würden nicht mehr nehmen können als ein Päckchen oder zwei. So käme es zu einer ungerechten Verteilung. Und das nennt sich dann Fortschritt. Wir haben noch nicht einmal das Wissen der Tauben, der Hunde und der Katzen. Alles gehört dem Höchsten Persönlichen Gott, und wir können uns nehmen, was wir brauchen, mehr aber nicht. Das ist Wissen. Gott hat die Welt so geschaffen, dass es an nichts mangelt. Alles ist in Fülle vorhanden, vorausgesetzt, wir verstehen es zu verteilen. Heute sind wir jedoch in der betrüblichen Situation, dass ein Mensch sich mehr nimmt, als er braucht, während ein anderer verhungert.

Bewußte Freude (Seite 70)

„Du sollst nicht töten!"

Śrīla Prabhupāda: Wir müssen die Gebote der Schriften so nehmen, wie sie sind. Es geht nicht an, dass wir nur die befolgen, die uns passen. Mit Auslegungen wird uns nicht geholfen sein. Wenn schon das Gebot „Du sollst nicht töten!" nicht befolgt wird, wie kann sich da Liebe zu Gott entfalten?

Besucher: Nach der christlichen Lehre bezieht sich dieses Gebot nur auf die Menschen, nicht auf die Tiere.

Śrīla Prabhupāda: Das würde bedeuten, dass Christus nicht intelligent genug war, das richtige Wort zu gebrauchen: „morden". Es gibt *töten,* und es gibt *morden. Morden* bezieht sich auf Menschen. Glauben Sie, Jesus war zu ungebildet, um das richtige Wort zu verwenden: *morden* anstatt *töten*? Mit *Töten* ist jegliche Art des Tötens gemeint, besonders das Töten von Tieren. Hätte Jesus nur das Töten von Menschen im Sinn gehabt, hätte er das Wort *morden* verwendet. … Wenn Sie diese Worte interpretieren wollen, tun Sie das. Wir verstehen sie direkt. „Du sollst nicht töten!" bedeutet: „Die Christen sollen nicht töten." […]

Pater Emmanuel: Tötet man nicht auch, wenn man Pflanzen isst?

Śrīla Prabhupāda: Die Vaiṣṇava-Philosophie lehrt, dass wir nicht einmal Pflanzen unnötig töten sollen. In der *Bhagavad-gītā* (9.26) sagt Kṛṣṇa: „Wenn jemand mir mit Liebe und Hingabe ein Blatt, eine Blume, eine Frucht oder etwas Wasser opfert, werde ich dies annehmen." Wir opfern Kṛṣṇa nur die Speisen, die er wünscht, und dann essen wir die Reste. Wenn das Opfern vegetarischer Nahrung sündhaft wäre, dann wäre es Kṛṣṇas Sünde, nicht unsere. Aber Gott ist *apāpa-viddha* – Er ist frei von jeder Sünde. … Wenn wir Speisen essen, die vorher Gott geopfert wurden, dann ist das so, wie wenn ein Soldat im Krieg einen anderen Soldaten tötet. Wenn ein Offizier den Befehl gibt anzugreifen, bekommt der gehorsame Soldat, der Feinde getötet hat, eine Medaille. Wenn aber derselbe Soldat aus eigenem Entschluss jemanden tötet, wird er bestraft. In ähnlicher Weise begehen wir, wenn wir nur *prasāda* essen, keine Sünde. Dies wird in der *Bhagavad-gītā* (3.13) bestätigt: „Die

Geweihten des Herrn werden von allen Arten von Sünden befreit, da sie nur Nahrung essen, die zuerst als Opfer dargebracht wurde. Andere, die Speisen für ihren eigenen Sinnesgenuss zubereiten, essen wahrlich nur Sünde."

Pater Emmanuel: Kann Kṛṣṇa es nicht erlauben, Tiere zu essen?

Śrīla Prabhupāda: Doch – im Tierreich. Aber einem zivilisierten Menschen, einem religiösen Menschen, steht es nicht zu, Tiere zu töten und zu essen. Wenn Sie das Töten der Tiere beenden und den heiligen Namen „Christus" chanten, ist alles perfekt. ... Ich denke, die christlichen Priester sollten mit der Bewegung für Kṛṣṇa-Bewusstsein zusammenarbeiten. Sie sollten den Namen „Christus" oder „Christos" chanten und sollten das Tierschlachten nicht länger dulden. Das wäre im Einklang mit den Lehren der Bibel. Es ist nicht meine Philosophie. Bitte handeln Sie auf diese Weise, und Sie werden sehen, wie sich die Lage in der Welt verändert.

Die Schönheit des Selbst (2007), Seite 143 ff.

Die materiellen Folgen des Fleischessens

Die Landwirtschaft produziert in ausgiebigem Maße Getreide, und durch den Schutz der Kühe werden reichliche Vorräte an Milch, Joghurt und Ghee erzielt. Wenn die Wälder geschützt werden, kann man Honig im Überfluss gewinnen. Leider aber kommt man in der modernen Gesellschaft auf die Idee, die Kühe, die Quelle von Joghurt, Milch und Ghee, zu töten und die Bäume, die den Honig bieten, zu fällen. Anstatt Landwirtschaft zu betreiben, werden Fabriken eröffnet, um Schrauben, Muttern, Bolzen, Autos und Wein herzustellen. Wie können die Menschen da glücklich werden? Sie müssen das Elend des Materialismus erleiden. Sie bekommen Falten und verfallen allmählich, bis sie fast Zwergen ähneln, und ihrem Körper entströmen üble Ausdünstungen, weil sie allerlei schlechte Dinge essen. Dies ist keine menschliche Zivilisation.

Śrīmad-Bhāgavatam (5.16.25)

Auch Vegetarier üben Gewalt aus

Manchmal werden wir mit der Frage konfrontiert: „Ihr fordert uns auf, kein Fleisch zu essen, aber ihr selbst esst Gemüse. Glaubt ihr, das sei keine Gewalt?" Die Antwort ist: Ja, das Essen von Pflanzen ist ebenfalls eine Form von Gewalt, denn auch Pflanzen sind lebendig. Nicht-*bhaktas* töten Kühe, Ziegen und viele andere Tiere, um sie zu essen. Doch ein *bhakta*, der Vegetarier ist, tötet auch. … Das ist das Gesetz der Natur. *Jīvo jīvasya jīvanam*: Ein Lebewesen ist Nahrung für ein anderes Lebewesen. Aber der Mensch sollte nur so viel Gewalt ausüben, wie unbedingt nötig ist.

Śrīmad-Bhāgavatam (3.29.15)

Die Kuh muss beschützt werden

Milch wird mit Nektar verglichen, und es heißt, wer Nektar trinkt, wird unsterblich. Natürlich wird man vom bloßen Milchtrinken nicht unsterblich, doch Milch kann die Lebensdauer eines Menschen verlängern. In der modernen Gesellschaft halten die Menschen die Milch für nicht sehr wichtig, und deshalb leben sie auch nicht lange. Obwohl die Menschen in diesem Zeitalter bis zu einhundert Jahre leben könnten, ist ihre Lebensspanne begrenzt, da sie nicht viel Milch trinken. … Anstatt Milch zu trinken, bevorzugen es die Menschen, Tiere zu schlachten und ihr Fleisch zu essen. *[Anmerkung des Herausgebers: Rindfleisch hat sechsmal so viel Cholesterin wie Milch. Ein hoher Cholesterinspiegel im Blut führt zu Herzkrankheiten, der Haupttodesursache in modernen Industriegesellschaften.]* Der Höchste Persönliche Gott rät uns in seinen Anweisungen der *Bhagavad-gītā* zu *go-rakṣya*, d. h. Kuhschutz. Die Kuh sollte geschützt werden, und ihre Milch sollte man vielseitig verwenden. Man sollte reichlich Milch trinken, denn dadurch kann man sein Leben verlängern, seine Gehirnkräfte entwickeln, hingebungsvollen Dienst ausführen und letztlich die Gunst des Höchsten Persönlichen Gottes erlangen.

Śrīmad-Bhāgavatam (8.6.12)

Prasāda befreit uns von materieller Verunreinigung

Wenn eine Epidemie ausbricht, kann ein Impfstoff den Menschen vor einer Infizierung bewahren. In ähnlicher Weise schützen uns Speisen, die wir Viṣṇu opfern und dann essen, in ausreichendem Maße gegen materielle Infektionen. Jemand, der diese Zeremonien regelmäßig ausführt, ist ein *bhakta*. Wer im Kṛṣṇa-Bewusstsein lebt und nur Speisen isst, die Kṛṣṇa geopfert wurden, kann daher allen Reaktionen vergangener materieller Infektionen entgegenwirken, die Hindernisse auf dem Weg zur Selbstverwirklichung sind. Andererseits vergrößert derjenige, der dies nicht tut, seine Sammlung von sündhaften Handlungen. Dies beschert ihm eine Geburt in einem Schweine- oder Hundekörper, wo er die Reaktionen auf all seine Sünden abzutragen hat. Die materielle Welt ist stark verunreinigt. Doch wenn der Mensch den *prasāda* Gottes annimmt, kann er dagegen immun werden und ist vor den Angriffen geschützt. Wer dies aber nicht tut, ist der Verunreinigung preisgegeben.

Bhagavad-gītā (3.14)

Wer tötet, wird getötet werden

Wer auf professionelle Weise Tausende von Tieren tötet, damit andere Menschen Fleisch kaufen können, muss damit rechnen, im nächsten Leben, ja Leben für Leben auf ähnliche Weise getötet zu werden. Es gibt viele Toren, die gegen ihre eigenen religiösen Prinzipien verstoßen. In den jüdisch-christlichen Schriften wird eindeutig gesagt: „Du sollst nicht töten!" Dennoch unterstützen selbst die Führer der Religionen unter allerlei Vorwänden das Tieretöten und wollen gleichzeitig auch noch als heilig gelten. Dieser Hohn, diese Heuchelei ist aber die Ursache für grenzenloses Unglück; die ständigen Kriege sind ein Beispiel dafür. Die Menschen ziehen massenweise in den Krieg und bringen sich gegenseitig um. Vor nicht langer Zeit haben sie sogar die Atombombe erfunden, die nur darauf wartet, zur großen Zerstörung eingesetzt zu werden.

Caitanya-caritāmṛta (*Madhya* 24.251)

Hingabe an Gott durch ein Speiseopfer der Liebe

In der *Bhagavad-gītā* wird gesagt: „Wenn mir ein *bhakta* mit Liebe und Hingabe eine Blume, ein Blatt, etwas Wasser oder eine Frucht opfert, werde ich diese Gabe annehmen." Der wahre Zweck eines solchen Opfers ist es, seine liebende Hingabe an den Herrn zu beweisen. Das Opfer selbst ist zweitrangig. Wir können viele verschiedene Speisen, Früchte und Blumen opfern, doch wenn es uns an echter Hingabe mangelt, nimmt Gott unser Opfer nicht an. Wir können den Höchsten Persönlichen Gott nicht bestechen. Er ist zu groß und zu mächtig, als dass unsere Bestechungsversuche irgendeinen Wert hätten. Auch mangelt es ihm nie an etwas, denn er ist in sich selbst vollkommen. Was können wir ihm also opfern? Er hat ja alles erschaffen. Wir opfern dem Herrn nur, um ihm unsere Liebe und Dankbarkeit zu zeigen.

Śrīmad-Bhāgavatam (3.29.24)

Kṛṣṇa Speisen zu opfern ist ein Austausch der Liebe

Aus seiner Gnade heraus nimmt Kṛṣṇa, wenn man ihm ein Blatt, eine Frucht, eine Blume oder etwas Wasser opfert, diese Gaben sofort an. Die einzige Bedingung ist, dass alles mit *bhakti* [Hingabe] geopfert werden sollte. Wenn wir aber voller Eitelkeit denken: „Ich gebe Kṛṣṇa etwas von meinem Reichtum ab," wird Kṛṣṇa dies nicht akzeptieren. … Denn alles, was wir Kṛṣṇa mit Liebe und Hingabe darbringen, kann er millionenfach überbieten, materiell wie spirituell. Es geht prinzipiell um einen Austausch der Liebe. Daher lehrt Kṛṣṇa in der *Bhagavad-gītā* (9.27): „O Sohn Kuntīs, alles, was du tust, was du isst und opferst, sowie jede Entsagung, die du ausführst, solltest du mir als Opfer darbringen."

Śrīmad-Bhāgavatam (10.11.11)

Auch Tiere haben ein Recht auf Leben

Interviewer: Die Unabhängigkeitserklärung spricht auch davon, dass alle Menschen von Gott mit bestimmten natürlichen Rechten ausgestattet sind, die ihnen nicht abgesprochen werden können. Dazu zählen das Recht auf Leben, das Recht auf Freiheit und …

Śrīla Prabhupāda: Aber die Tiere haben ebenfalls das Recht zu leben. … Die Hasen zum Beispiel führen ein friedliches Leben im Wald. Warum lässt es die Regierung zu, dass die Jäger sie abschießen?

Interviewer: Damals war nur von Menschen die Rede.

Śrīla Prabhupāda: Dann ist das keine echte Philosophie. Die Haltung, nur meine Familie oder mein Bruder sei wichtig, aber alle anderen könne ich töten, ist kriminell. Stellen Sie sich vor, jemand tötet Ihren Vater, nur um seiner eigenen Familie einen Vorteil zu verschaffen. Ist das etwa Philosophie? Wahre Philosophie ist *suhṛdaṁ sarva-bhūtānām:* Man soll allen Lebewesen ein Freund sein.

Die Schönheit des Selbst (2007), Seite 195 f.

Haben Tiere eine Seele?

Śrīla Prabhupāda: Manche Menschen sagen: „Wir glauben nicht, dass Tiere eine Seele haben." Das ist nicht korrekt. Der Grund dafür, dass sie glauben, Tiere hätten keine Seele, ist der, dass sie die Tiere essen wollen. Aber in Wirklichkeit haben Tiere sehr wohl eine Seele.

Reporter: Woher wollen Sie das wissen?

Śrīla Prabhupāda: Das ist nicht schwer zu verstehen. Hier ist der Beweis: Das Tier hat Hunger, Sie haben Hunger; das Tier schläft, Sie schlafen; das Tier hat Angst, Sie haben Angst; die Tiere haben Nachwuchst, Sie haben Nachwuchs; die Tiere haben ein Zuhause, Sie haben ein Zuhause. Wenn ein Tier sich verletzt, blutet es; wenn Sie sich verletzen, bluten Sie ebenfalls. Warum akzeptieren Sie angesichts so vieler Gemeinsamkeiten nicht diese eine Gemeinsamkeit: die Gegenwart der Seele? Das ist unlogisch.

Haben Sie sich schon mal mit Logik befasst? In der Logik arbeitet man mit Analogieschluss. Analogieschluss bedeutet, aufgrund einer Vielzahl von Gemeinsamkeiten auf das Vorhandensein von weiteren zu schließen. Wenn sich der Mensch und das Tier in allem anderen ähnlich sind, warum soll man dann diese eine Ähnlichkeit bestreiten? Das wäre unlogisch und unwissenschaftlich.

Die Schönheit des Selbst (2007), Seite 29 f.

Die Gefahr des Verhungerns

Die *Bhagavad-gītā* bestätigt, dass jemand, der Speisen isst, die zuvor als Opfer dargebracht wurden, die Gesundheit von Körper und Seele erhält, während jemand, der nur für sich selbst kocht und kein Opfer ausführt, lediglich als Nahrung verpackte Sünde isst. Solch sündhaftes Essen kann den Menschen weder glücklich machen, noch kann es ihn vor Nahrungsmangel bewahren. Hungersnöte entstehen nicht durch ein Anwachsen der Erdbevölkerung, wie unintelligente Ökonomen denken. Wenn die menschliche Gesellschaft Gott für all seine Gaben dankt, mit denen er die Lebewesen versorgt, wird es mit Sicherheit keinen Hunger geben. Aber wenn die Menschen keine Wertschätzung für den Wert dieser Gaben Gottes haben, müssen sie Mangel leiden. Menschen ohne Gottesbewusstsein leben aufgrund ihrer guten Taten im letzten Leben vielleicht gegenwärtig im Wohlstand, aber wer seine

Beziehung zu Gott vergisst, dem steht aufgrund des Gesetzes der mächtigen materiellen Natur sicherlich eine Zeit des Hungerns bevor.

Śrīmad-Bhāgavatam (3.5.49)

Wer Tiere tötet, hat ein Herz aus Stein

Einige Toren behaupten, Tiere hätten keine Seele und seien so etwas wie ein toter Stein. Auf diese Weise rechtfertigen sie das Töten von Tieren und behaupten, das sei keine Sünde. In Wahrheit sind Tiere keine toten Steine. Im Gegenteil: Menschen, die Tiere töten, haben ein Herz aus Stein. Deshalb können auch keine Vernunft und keine Philosophie auf sie einwirken. Sie betreiben einfach weiterhin ihre Schlachthöfe und töten weiterhin die Tiere des Waldes.

Śrīmad-Bhāgavatam (4.26.9)

Es gibt bereits genügend Nahrungsmittel

So wie die menschliche Gesellschaft derzeit strukturiert ist, wird überall auf der Welt ausreichend Getreide produziert. Daher darf man es nicht unterstützen, dass Schlachthäuser eröffnet werden. In einigen Ländern gibt es einen solchen Überfluss an Getreide, dass manchmal das überschüssige Getreide ins Meer geworfen wird. Manchmal verbietet aber auch die Regierung die weitere Getreideproduktion. Die Erde produziert also genügend Getreide, um die gesamte Bevölkerung zu ernähren, lediglich die Verteilung des Getreides ist aufgrund von Handelsbeschränkungen und Profitgier eingeschränkt. Aufgrund dessen mangelt es in einigen Gebieten an Getreide, während in anderen übermäßig Getreide produziert wird. Gäbe es auf der Erde nur eine Regierung, die die Verteilung des Getreides regelt, wäre die Lebensmittelknappheit kein Thema mehr, und es wäre weder notwendig, Schlachthäuser zu errichten, noch falsche Theorien hinsichtlich einer sogenannten Überbevölkerung vorzulegen.

Śrīmad-Bhāgavatam (4.17.25)

Eine Diät, um die Krankheit der Seele zu heilen

Jeder sollte wissen, dass es in der menschlichen Gesellschaft nur zwei Arten von Krankheiten gibt. Die eine Krankheit heißt *adhyātmika* (materielle Krankheit) und betrifft den Körper. Doch die Hauptkrankheit ist spiritueller Natur. Das Lebewesen ist ewig, aber irgendwie gerät es, wenn es mit der materiellen Energie in Berührung kommt, in den Kreislauf von Geburt, Tod, Alter und Krankheit. Die Bewegung für Kṛṣṇa-Bewusstsein hat es sich zur Aufgabe gemacht, diese Krankheit zu heilen. Allerdings wissen die Menschen dies nicht zu schätzen, weil sie diese Krankheit nicht kennen. Ein Kranker braucht sowohl geeignete Medizin als auch eine richtige Diät, und deshalb verabreicht die Bewegung für Kṛṣṇa-Bewusstsein den am materiellen Bewusstsein erkrankten Menschen die Medizin des Chantens der heiligen Namen – das Hare-Kṛṣṇa-Mantra – und eine Diät in Form von *prasāda*.

Caitanya-caritāmṛta (*Ādi* 10.51)

Erhebung auf die transzendentale Ebene

Unsere Bewegung für Kṛṣṇa-Bewusstsein richtet sich nach diesem Grundsatz: Wir bieten den Menschen einfach die Möglichkeit, über den Höchsten Persönlichen Gott zu hören, und geben ihnen *prasāda* zu essen. Das Ergebnis ist, dass Menschen auf der ganzen Welt diesem Vorgang folgen und reine Geweihte Śrī Kṛṣṇas werden. Wir eröffnen Hunderte von Zentren überall auf der Welt, nur um der Allgemeinheit die Gelegenheit zu geben, über Kṛṣṇa zu hören und *kṛṣṇa-prasāda* zu essen. Diese beiden Vorgänge kann jeder befolgen, selbst ein Kind. Es ist unerheblich, ob man arm oder reich, gelehrt oder dumm, schwarz oder weiß, alt oder noch ein Kind ist – jeder, der einfach über den Höchsten Persönlichen Gott hört und *prasāda* isst, wird ohne Zweifel zur transzendentalen Ebene des hingebungsvollen Dienstes erhoben.

Caitanya-caritāmṛta (*Ādi* 7.141)

Eine ideale Ernährung

Die Funktion der Nahrung besteht darin, die Lebensdauer zu verlängern, den Geist zu läutern und dem Körper Kraft zu geben. Das ist ihre einzige Funktion. In vergangenen Zeiten bestimmten große Autoritäten diejenigen Nahrungsmittel, die der Gesundheit am zuträglichsten sind und die Lebensspanne verlängern, wie Milchprodukte, Zucker, Reis, Weizen, Früchte und Gemüse.

...Tierisches Fett ist in Form von Milch erhältlich, die das wundervollste aller Nahrungsmittel ist. Weil uns tierische Fette in Form von

Milch, Butter, Käse und ähnlichen Produkten zur Verfügung stehen, ist es völlig unnötig, dass unschuldige Tiere getötet werden. ... Proteine sind in Kichererbsen, Dhal, Vollweizenprodukten etc. reichlich vorhanden.

... Die beste Nahrung sind die Reste der Speisen, die dem Höchsten Persönlichen Gott geopfert wurden. In der *Bhagavad-gītā* sagt Kṛṣṇa, dass er Speisen aus Gemüse, Mehl und Milch akzeptiert, wenn sie mit Hingabe geopfert werden. ... Natürlich ist es vor allem die Liebe und die Hingabe, die der Höchste Persönliche Gott akzeptiert. ... Deshalb sollte man sein Essen zunächst dem Höchsten Persönlichen Gott opfern, um es antiseptisch, essbar und schmackhaft zu machen.

Bhagavad-gītā (17.10)

Geopferte Nahrung wird transzendental

In der *Bhagavad-gītā* (9.26) sagt Kṛṣṇa: „Wenn mir jemand mit Liebe und Hingabe ein Blatt, eine Blume, eine Frucht oder etwas Wasser opfert, werde ich diese Gabe annehmen." Der Herr ist *pūrṇa*, in sich selbst vollkommen, und daher isst er alles, was seine Geweihten ihm opfern. Dennoch bleibt – durch die Berührung seiner transzendentalen Hand – das Essen dasselbe wir vorher. Es ist die Qualität, die sich verändert hat. Bevor das Essen geopfert wurde, war es normale Nahrung. Aber nach der Opferung nimmt das Essen eine transzendentale Qualität an. ... Die Speise, die Kṛṣṇa geopfert wurde, besitzt die gleichen Eigenschaften wie Kṛṣṇa. So wie Kṛṣṇa unzerstörbar ist, so bleibt auch die Speise, die Kṛṣṇa gegessen hat, so wie vorher, denn sie ist mit ihm identisch.

Caitanya-caritāmṛta (*Madhya* 4.77)

7

Rezepte

Allgemeines über die Zutaten

Viele der Zutaten in den folgenden Rezepten sind allgemein bekannt und in normalen Lebensmittelläden erhältlich, andere werden Ihnen vielleicht neu sein. Wir haben daher am Ende des Rezeptteils ein Glossar der besonderen Zutaten aufgeführt, das auch darüber informiert, wo man sie kaufen kann.

Zutaten, die zuerst zubereitet werden müssen

Panir (Frischkäse) und Ghee sind zwei wichtige, unersetzliche Bestandteile einiger Rezepte dieses Buches, die leicht herzustellen sind. Panir ist ein hausgemachter, leichter und proteinreicher Käse. Ghee ist geklärte Butter. Butter, die man im Lebensmittelgeschäft kauft, besteht zu 80 Prozent aus Butterfett, zu 18 Prozent aus Wasser und zu 2 Prozent aus Eiweißstoffen. Wenn man die Butter sieden lässt, verkocht das Wasser, und die Eiweißstoffe trennen sich vom Butterfett. Was übrigbleibt, ist eine duftende goldene Flüssigkeit, die sich hervorragend für die Rezepte dieses Buches eignet. In der indischen Küche ist die Verwendung von Ghee allgemein üblich, aber auch im Nahen Osten ist es beliebt. Auch Oliven-, Sesam-, Erdnuss- und Kokosöl finden in den Rezepten dieses Buches Verwendung, doch Ghee gilt aufgrund seines köstlichen, leicht nussigen Geschmacks als das perfekte Kochmittel für süße wie pikante indische Gerichte. Zwar ist Ghee in den meisten Feinkostläden oder asiatischen Lebensmittelläden wie auch in besseren Supermärkten erhältlich, doch es lässt sich leicht zu Hause herstellen (was sich sicherlich preislich auszahlt). Auch muss Ghee nicht gekühlt werden. Es hält sich ein halbes Jahr bei Zimmertemperatur, im Kühlschrank sogar bis zu einem Jahr. Scheuen Sie sich also nicht, eine größere Menge herzustellen. Kein Bratöl kann echtes Ghee ersetzen, denn sein angenehmer Geschmack und seine leichte Verdaulichkeit machen es einzigartig.

Herstellung von Ghee

½–2 kg Butter

Die Butter in große Stücke schneiden und in einem großen Topf mit schwerem Boden bei mittlerer Temperatur zum Schmelzen bringen. Die Butter dabei rühren, sodass sie langsam schmilzt und nicht braun wird. Dann die geschmolzene Butter unter Rühren kurz aufkochen. Wenn sie schaumig wird, auf kleine Flamme stellen und ohne Deckel sieden lassen.

Während des Siedevorgangs verdunstet das in der Butter enthaltene Wasser, und an der Oberfläche bildet sich eine Schicht aus geronnenem Milcheiweiß. Diese Schicht öfters mit einem Schaumlöffel abschöpfen und in eine Schüssel geben.

Nach einer Weile wird das Ghee goldgelb und glasklar, nur am Boden lagern sich einige Schlacken ab. Den Herd nun ausschalten und das flüssige Ghee mit einer Kelle herausschöpfen, ohne die Schlackstoffe aufzurühren. Das Ghee durch ein mit Papiertüchern ausgelegtes Sieb filtern und in einem geeigneten verschließbaren Behälter auffangen, dann abkühlen lassen.

Das restliche Ghee mit den Schlackstoffen können Sie zusammen mit dem abgeschöpften Schaum für eine Gemüsesuppe oder als Brotbelag verwenden. Im Kühlschrank hält es sich 3–4 Tage lang.

Herstellung von Panir (Frischkäse)

Für hausgemachten Panir benötigen Sie nicht viel: einen Topf, der 2–6 Liter fasst (je nach Menge der Milch), einen Rührstab oder hölzernen Kochlöffel, ein Sieb sowie mehrere neue Seihtücher. Außerdem benötigen Sie die folgenden Zutaten:

4 l frische Milch
750 ml–1 l Joghurt oder 4–6 EL Zitronensaft oder 2 TL Zitronensäure, in 75 ml Wasser aufgelöst.

Die Milch in einen Topf mit schwerem Boden geben, der so groß ist, dass sie genug Platz zum Aufkochen hat. Bei hoher Temperatur die Milch unter Rühren (damit sie nicht ansetzt oder anbrennt) erhitzen, bis sie schäumend aufkocht. Dann auf niedrige Flamme stellen und, bevor der Schaum wieder absinkt, den Zitronensaft bzw. die Zitronensäurelösung oder den Joghurt langsam hineingeben.

Die Milch sanft und langsam in einer Richtung rühren. Nach 10 bis 15 Sekunden den Topf vom Feuer nehmen, aber weiterhin sanft rühren, bis sich große, weiche Klumpen formen. Falls sich nach einer Minute kein Käse geformt hat, den Topf noch einmal kurz auf den Herd stellen, bis das Kasein (Milchprotein) gerinnt und sich eine grünlich-gelbe Molke bildet. Falls nötig, noch etwas mehr Gerinnungsmittel hinzugeben.

Sobald sich der Käse formt, den Topf von der Flamme nehmen, ihn bedecken und für 10 Minuten stehenlassen. Wünschen Sie einen weichen Käse, dann geben Sie ¼ bis ½ l heißes Wasser hinzu. Wenn der Käse unter die Oberfläche der Molke sinkt, kann er von der Molke getrennt werden.

Dazu einen Durchschlag mit 2 oder 3 Lagen feuchter Käsetücher auslegen (oder mit einem frischen weißen Geschirrtuch, in Wasser getaucht und ausgewrungen). Die Ränder und Ecken des Tuches über den des Durchschlags hinaus herunterhängen lassen. Wollen Sie die Molke später verwerten, dann setzen Sie den Durchschlag auf einen passenden Behälter, andernfalls stellen Sie ihn in die Spüle. (Viele Köche in Bengalen benutzen die Molke, um nochmals Panir herzustellen, allerdings benötigt man dann weit mehr Molke als Zitronensaft, etwa 1 Teil Molke auf 4 Teile Milch.)

Die großen Käsestücke mit einer Schaumkelle in das Sieb geben und die kleineren Stücke mitsamt der übrigen Molke hinterhergießen.

Nach Wunsch frische Kräuter unter den Käse mischen.

Das mit Käse gefüllte Tuch an den Ecken aus dem Durchschlag herausheben, 5–10 Sekunden unter fließendes Wasser halten, dann das Tuch sanft auswringen, sodass die überschüssige Molke herausläuft.

Um den Käse von der restlichen Molke zu trennen, den Beutel über eine Schüssel hängen und die Molke abtropfen lassen. Ist Eile geboten, den Käse mit einem Gewicht pressen (so braucht er etwa 20 Minuten, bis er fest ist).

Dann den Käse aus dem Tuch nehmen und wie im Weiteren beschrieben verwenden, oder in Papiertücher und Frischhaltefolie bzw. in einem Plastikbehälter aufbewahren. Sie können ihn auch für bis zu 4 Tage lang einfrieren.

Asian Lunch

Scharfsaure Tom-Yum-Suppe

Gebratene Hokkien-Nudeln mit asiatischem Gemüse und Tofu

Vietnamesischer Bohnensprossensalat

Curry-Pasteten mit Tamarindenchutney

Thailändischer Klebreis mit Mango

Scharfsaure Tom-Yum-Suppe

In der Thai-Küche dienen Suppen zumeist als Beilage zu einem Hauptgericht. Mit ihrer Leichtigkeit und Frische sollen sie üppige, reichhaltige Speisen ausgleichen. Diese vegetarische Version der bekannten Tom-Yum-Suppe besticht durch die kräftig-würzigen Düfte ihrer Zutaten: Korianderwurzeln, Zitronengras, Chili, Kaffir-Limettenblätter und Sauerampfer. Für 6 Personen.

4 geschälte Korianderwurzeln
4 Zitronengrasstängel (nur der weiße Teil)
1 TL gelbe Asafötida
2 oder 3 kleine, frische rote Chilis, zerhackt
2 l Gemüsebrühe (Rezept folgt)
4 Kaffir-Limettenblätter
4 große, reife Tomaten, blanchiert, enthäutet und grob gehackt
400 g gut gepresster Tofu, in 2 cm große Würfel geschnitten

1 Bündel Sauerampfer, zerrupft
2 oder 3 kleine, frische rote Chilis, in diagonale Ringe geschnitten
5 EL Sojasauce
125 ml Limettensaft
40 g frische Korianderblätter, zerhackt

Die Korianderwurzeln, das Zitronengras, die Asafötida und die zerhackten Chilis in einem Mörser zerstampfen und zu einer groben Paste verarbeiten oder mit ein paar Tropfen Wasser im Mixer zerkleinern.

Die Gemüsebrühe in einem Kochtopf auf höchster Temperatur erhitzen. Kaffir-Limettenblätter und Tomaten hineingeben und alles für 2–3 Minuten kochen lassen.

Die Kräuterpaste hinzufügen, die Temperatur verringern, den Tofu und den Sauerampfer hineingeben und 2 Minuten köcheln lassen.

Die Chiliringe, die Sojasauce, den Limettensaft und den zerhackten Koriander in große, tiefe Teller verteilen und die kochend heiße Suppe darübergießen. Mit heißem, gedämpftem Reis servieren.

Gemüsebrühe

Dies ist eine einfache vietnamesische Gemüsebrühe, genannt *Nuoc Leo Rau Cai.*

4 l Wasser
150 g Möhren, in Scheiben geschnitten
100 g Weißkohl, klein geschnitten
40 g einer Selleriestange, in Scheiben geschnitten
25 g weißer Rettich, in Scheiben geschnitten
1½ TL Salz

Alle Zutaten in einen Kochtopf geben und ca. 1 Stunde kochen, bis die Flüssigkeit auf die Hälfte reduziert ist. Das Gemüse aussieben und die Brühe beiseite stellen.

Gebratene Hokkien-Nudeln mit asiatischem Gemüse und Tofu

Gelbe Hokkien-Nudeln gelten als die „Spaghetti unter den Nudeln“ – sie sind dick, deftig, saftig und von „fleischiger“ Konsistenz. Für 4 Personen.

500 g eifreie Hokkien-Nudeln
2 EL chinesische schwarze Bohnen, grob gehackt (nicht waschen)
60 ml weißer Traubensaft oder Wasser
½ TL gelbe Asafötida
1 EL frischer Ingwer, fein gehackt
1 TL frische rote Chilis, entkernt und fein gehackt
200 ml reichhaltige Gemüsebrühe
2 EL Sojasauce
1 TL Zucker
1 TL chinesisches Sesamöl
2½ EL Erdnussöl
500 g Choy Sum oder anderes chinesisches Blattgemüse, geschnitten
500 g fester, frischer Tofu, gewürfelt (1–2 cm)

Die Nudeln in eine feuerfeste Schale geben, mit kochendem Wasser übergießen und 1 Minute stehenlassen. Danach das Wasser abgießen.

Die gehackten schwarzen Bohnen in Traubensaft oder Wasser 10 Minuten einweichen lassen, dann abgießen. Bohnen und Flüssigkeit getrennt voneinander aufbewahren.

Schwarze Bohnen, Asafötida, Ingwer und frische Chilis miteinander vermengen.

Gemüsebrühe, Sojasauce, Zucker, Sesamöl und die Flüssigkeit der schwarzen Bohnen vermischen.

Einen großen Wok oder eine große Pfanne auf hoher Flamme erhitzen, 1 EL Erdnussöl hineingeben. Kurz bevor das Öl zu rauchen beginnt, das trockene Gemisch der schwarzen Bohnen hinzugeben. 30 Sekunden bei mittlerer Hitze alles miteinander verrühren, bis es zu duften beginnt.

Nun den Choy Sum, die Nudeln und das Gemisch aus Gemüsebrühe und Bohnenflüssigkeit dazugeben und kurz rühren. Den Topf bedecken und 2 Minuten sieden lassen bzw. so lange, bis die Sauce leicht eindickt und die Nudeln weich sind. Wenn Sie das Gericht weniger saftig wünschen, geben Sie eine Mischung aus jeweils 1 EL Maismehl und Wasser dazu.

Die Nudeln sofort in vorgewärmten Schalen servieren.

Vietnamesischer Bohnensprossensalat

Das Wunderbare an diesem Salat ist seine Einfachheit. Für 4 Personen.

200 g Bohnensprossen
50 g frische Basilikumblätter
*50 g vietnamesischer Koriander**
50 g frischer Koriander
2 frische, kleine rote Chilis, in Ringe geschnitten
1 Limette, geviertelt

Gemüse und Kräuter waschen, gut abtropfen lassen und vermengen. Alles auf 4 separaten Tellern mit jeweils einem Limettenkeil anrichten.

Curry-Pasteten mit Tamarindenchutney

Unsere Rezeptkoster haben diese malaysische Spezialität in Rekordzeit verspeist. Wenn Sie nach einem delikaten Snack Ausschau halten, sind Sie hier fündig geworden. Das Rezept ergibt etwa 40 mundgerechte Pasteten.

150 g Süßkartoffeln, sehr fein gewürfelt
150 g Karotten, sehr fein gewürfelt

* Diese Pflanze, auch Rau Ram oder Laksa-Kraut genannt, hat ein korianderartiges Aroma mit einem Hauch Zitronenduft.

150 g Kartoffeln, sehr fein gewürfelt
130 g Erbsen
1 EL Öl
frische Curryblätter von 3 großen Schösslingen, zerpflückt
1 EL geriebener frischer Ingwer
½ TL gelbe Asafötida
2 EL scharfes malaysisches Currypulver
2 TL Zucker
1 TL Salz
5 Platten fertiger Blätterteig
Ghee oder Öl zum Frittieren
Tamarindenchutney zum Servieren (Rezept folgt)

Füllung
Das Gemüse separat gar dämpfen.

Das Öl in einer Pfanne bei mittlerer Temperatur erhitzen. Wenn das Öl heiß ist, die Curryblätter hineingeben und anbraten, bis sie anfangen zu knistern. Den Ingwer beigeben und 1 Minute lang mitbraten, bis er aromatisch wird. Dann die Asafötida hinzufügen und anschwitzen.

Das Currypulver, das gekochte Gemüse sowie Zucker und Salz hineinrühren. Alles zusammen 1–2 Minuten braten, dann von der Flamme nehmen und abkühlen lassen.

Blätterteig
Die Blätterteigplatten in Quadrate von 8 cm schneiden.

2 TL der gekühlten Füllung in die Mitte eines jeden Quadrats geben. Die Quadrate diagonal zu Dreiecken falten und die offenen Seiten verschließen – z. B. mit einer Gabelspitze eindrücken oder kunstvoll zu kleinen Halbkreisen drehen und versiegeln.

Das Öl zum Frittieren in einem Wok oder einer tiefen Pfanne auf mittlerer Flamme erhitzen. Die Pasteten 2–3 Minuten frittieren, bis sie aufschwellen und goldbraun werden. Entnehmen und auf Papiertüchern abtropfen lassen.

Heiß, warm oder kalt mit dem Tamarindenchutney oder einer süßen Chilisauce servieren.

Sie können die Curry-Pasteten auch in einem Ofen bei mittlerer Hitze backen. Das ist zwar weniger traditionell, aber dafür leichter und fettarmer.

Tamarindenchutney
Dieses Chutney ist gleichermaßen scharf, süß, sauer und pikant. Ergibt 250 ml.

50 g getrocknetes Tamarindenmark, ½ Stunde in ½ l kochend heißem Wasser eingeweicht
½ TL gemahlener Kreuzkümmel
2 TL Ingwersaft (gepresst aus ca. 2 EL geriebenem Ingwer)
3 EL brauner Zucker
½ TL Salz
1 große Prise Chilipulver

Die eingeweichte Tamarinde in ein Sieb geben und den Saft auffangen. Von der übrigen Tamarindenmasse möglichst viel durch das Sieb pressen.

Das Tamarindenmark mit den übrigen Zutaten in einem mittleren Topf vermengen. Alles 10–15 Minuten lang auf mittlerer Flamme kochen, bis es auf die Hälfte reduziert ist. Bei Zimmertemperatur servieren.

Thailändischer Klebreis mit Mango

Dieses einfache und feine Dessert ist in diversen Variationen überall in Südostasien sehr beliebt. Klebreis gibt es in allen asiatischen Lebensmittelläden. Er wird nicht nur als Dessert, sondern auch als süße Zwischenmahlzeit zu jeder Tageszeit gegessen. Für 4 Personen.

350 g Klebreis, 1 Stunde in kaltem Wasser eingeweicht und abgegossen
350 ml Kokosmilch

1 Prise Salz
2 EL Zucker
2 große, reife Mangos
2 EL Kokosmilch zum Servieren
Minzblätter zur Dekoration

Den Reis, die Kokosmilch, das Salz und den Zucker zusammen mit 0,3 l Wasser in einen unbedeckten Topf geben und alles unter Rühren auf mittlerer Hitze zum Kochen bringen.

Den Reis unter Rühren 8–10 Minuten köcheln lassen, bis die gesamte Flüssigkeit aufgesogen ist. Den Topf vom Feuer nehmen, bedecken und 5 Minuten stehenlassen.

Den Reis in einen Dampfgarer geben und 15–20 Minuten dünsten.

Zum Servieren den heißen Klebreis in 6–8 Puddingschalen oder andere Formen geben. Mit Plastikfolie bedecken und abkühlen lassen. Dann den Reis aus den Formen herausnehmen. Die einzelnen Portionen jeweils auf der Mitte eines Desserttellers platzieren und mit den Mangostücken außen herum anrichten. Die Reisportionen mit der Kokosmilch betröpfeln und mit den Minzblättern garnieren.

Alternativ den warmen Reis auf einem mit Plastikfolie bedeckten Tablett gleichmäßig auftragen, erkalten lassen und anschließend in Rauten schneiden.

Indisches Festmahl

Mung-Dhal nach Jaipur-Art

Reis mit grünen Erbsen und Mandeln

Nordindisches Blumenkohl-Kartoffel-Curry

Rahmspinat mit Frischkäse (Palak Panir)

Indisches Fladenbrot (Chapati)

Scharfsüßes Ananaschutney

Grießhalava mit Walnüssen und Rosinen

Mung-Dhal nach Jaipur-Art

Jaipur ist die bekannte „Pink-City" in Rajastan, Indien. Im riesigen Citypalast – einer kleinen Stadt inmitten der Stadt – residiert der Maharaj von Jaipur. Im Zentrum des Stadtgebietes liegt, von Gärten umgeben, der spektakuläre Śrī-Rādhā-Govinda-Tempel. Ich erinnere mich gerne an meine Besuche in Jaipur mit seiner erstaunlichen Architektur und seiner köstlichen vegetarischen Küche. Für 6 Personen.

200 g halbierte Mungbohnen, 1 Stunde in Wasser eingeweicht, abgespült und abgegossen
1¾ l Wasser
½ TL Kurkuma
150 g Karotten, fein gewürfelt

250 g kleine Blumenkohlröschen
1 EL Ghee oder Öl
2 EL Kreuzkümmelsamen
½ TL Fenchelsamen
1 oder 2 grüne Chilis, entkernt und gehackt
1 EL frischer Ingwer, zerhackt
15 g frische Korianderblätter, gehackt
2 EL frischer Zitronensaft
1 TL Salz
¼ TL schwarzer Pfeffer

Mung-Dhal, Wasser, Kurkuma und Karotten in einen schweren, mittelgroßen Topf geben und zum Kochen bringen. Bei geringer Hitze halbbedeckt 15 Minuten sieden lassen, bis der Dhal eine breiige Konsistenz annimmt.

Den Blumenkohl hinzugeben und weitere 10 Minuten kochen.

Gewürzmischung: Das Ghee bzw. Öl bei mittlerer Temperatur in einem kleinen Topf erhitzen. Kreuzkümmel und Fenchelsamen hineingeben und braten, bis sie dunkel werden. Chilis und Ingwer hinzugeben und alles braten, bis ein Aroma entsteht.

Die Gewürzmischung in die kochende Suppe gießen und Korianderblätter, Zitronensaft, Salz und Pfeffer beifügen.

In vorgewärmten Suppenschalen zusammen mit Reis oder Brot servieren.

Reis mit grünen Erbsen und Mandeln

Mild gewürzter Basmatireis mit grünen Erbsen und Mandeln wird Ihnen stets ein Lob einbringen. Es eignet sich besonders für ein Catering oder als Mittags- bzw. Abendgericht. Für 4–5 Personen.

180 g Basmatireis oder langkörniger weißer Reis
¾ TL Salz
4 grüne Kardamomschoten, leicht zerdrückt

½ l Wasser
¼ TL Kurkuma
2 TL Ghee oder Öl
1 Zimtstange, 4 cm lang
6 ganze Nelken
40 g rohe Mandeln, als Splitter oder gehobelt
130 g frische oder tiefgefrorene Erbsen

Das Wasser mit Salz und Kurkuma in einem 2-Liter-Topf bei mittlerer Temperatur zum Kochen bringen (mit Deckel).

Das Ghee oder Öl in einem weiteren 2-Liter-Topf bei kleiner Flamme erhitzen und die Zimtstange, die Nelken, die Kardamomschoten und die Mandeln im heißen Ghee anbraten, bis die Mandeln eine leicht goldbraune Färbung annehmen. Den Reis zufügen und 2 Minuten sautieren, bis die Körner durchsichtig werden.

Das kochende Wasser hinzugeben und, falls Sie frische Erbsen verwenden, diese ebenfalls hineingeben. Auf höchster Flamme das Wasser unter Rühren voll aufkochen lassen. Dann sofort auf niedrige Temperatur stellen, mit einem gut schließenden Deckel bedecken und ohne Rühren ca. 15–20 Minuten köcheln lassen, bis das ganze Wasser aufgesogen und der Reis zart und flockig ist. Falls Sie gefrorene Erbsen verwenden, dann streuen Sie sie nach der Hälfte der Kochzeit über den Reis. Den Herd ausstellen und den Reis noch für etwa 5 Minuten quellen lassen.

Heiß servieren.

Nordindisches Blumenkohl-Kartoffel-Curry

Dies ist ein beliebtes nordindisches Gemüsegericht, das gut zu heißen Chapatis, einem leichten Dhal und Salat passt. Man kann es zu jeder Tageszeit und zu allen Anlässen genießen. Für 4–5 Personen.

1 EL Ghee oder Öl
½ TL schwarze Senfkörner

1 TL Kreuzkümmelsamen
1 TL frischer Ingwer, gehackt
2 scharfe grüne Chilis, entkernt und gehackt
3 mittelgroße Kartoffeln, fein gewürfelt
1 mittelgroßer Blumenkohl, in kleine Röschen zerteilt
2 mittelgroße Tomaten, blanchiert, enthäutet und fein gewürfelt
½ TL Kurkuma
½ TL Garam Masala
2 TL gemahlener Koriander
1 TL brauner Zucker
2 TL Salz
2 EL frischer Koriander oder Petersilie, grob gehackt
1 EL frischer Zitronensaft

Das Ghee bzw. Öl in einem großen, schweren Topf bei mittlerer Temperatur erhitzen. Sobald das Ghee heiß ist, die Senfkörner hineingeben. Wenn diese anfangen zu springen, den Kreuzkümmel dazufügen und sautieren, bis die Kreuzkümmelsamen leicht anbräunen. Den Ingwer und die Chilis hinzugeben und alles kurz anbraten, dann die Kartoffeln und die Blumenkohlröschen beifügen.

Das Gemüse 4–5 Minuten braten, bis es am Topfboden klebenbleibt.

Tomaten, Kurkuma, Garam Masala, den gemahlenen Koriander, Zucker und Salz dazugeben. Alles vermischen und auf niedrige Flamme stellen. Den Topf bedecken und alles unter gelegentlichem Rühren ca. 10–15 Minuten kochen. Falls nötig, Wasser hinzugeben, aber das Gemüse nicht zu sehr rühren. Wenn das Gemüse gar ist, den frischen Koriander und den Zitronensaft hinzugeben.

Heiß servieren.

Rahmspinat mit Frischkäse (Palak Panir)

Spinat mit Rahm und hausgemachtem Käse gehört zu den beliebtesten Gemüsegerichten Nordindiens. Es gibt Duzende regionaler Variationen. Dieses Gericht ist einfach und schnell zuzubereiten. Servieren Sie Palak Panir mit Reis oder heißen Chapatis. Für 5–6 Personen.

1 TL frischer Ingwer, zerhackt
1 frischer scharfer grüner Chili, entkernt und gehackt
1 TL gemahlener Koriander
½ TL Paprika, süß
½ TL gemahlener Kreuzkümmel
½ TL Kurkuma
2 TL Ghee oder Öl
2 große Büschel Spinat, gewaschen und gehackt
4 EL Sahne
frischer, hausgemachter Panir von 2 l Milch, in Würfel (1–2 cm) geschnitten (siehe Seite 69)
½ TL Garam Masala
1 TL Salz

Den Spinat 4–5 Minuten in einem Topf mit etwas Wasser dämpfen, bis er weich ist und an Volumen verliert. In einem Mixer pürieren.

Ingwer und Chili mit einigen Teelöffeln Wasser in einem Mixer zerkleinern. Koriander, Paprika, Kreuzkümmel und Kurkuma hinzufügen, zu einer Paste verarbeiten und in eine Schale geben.

Das Ghee in einem großen Topf bei mittlerer Temperatur erhitzen. Wenn es heiß ist, die Gewürzpaste hineingeben und 2–3 Minuten braten, bis sie aromatisch wird und am Topfboden zu kleben beginnt. Den pürierten Spinat zusammen mit den Gewürzen beifügen und alles 3–4 Minuten auf höchster Temperatur kochen.

Sahne, Käsewürfel, Garam Masala und Salz unterheben und weitere 5 Minuten kochen. Heiß servieren.

Indisches Fladenbrot (Chapati)

Chapatis gehören zu den bekanntesten indischen Brotgerichten und erfreuen sich vor allem in Nord- und Zentralindien großer Beliebtheit.

Sie werden zunächst in einer heißen Pfanne gebacken und dann über offener Flamme vollendet. Chapatis macht man aus einem speziellen Vollweizenmehl namens *Atta*, das es in indischen Lebensmittelläden zu kaufen gibt. Falls Sie es nicht erwerben können, dann nehmen Sie einfach gesiebtes Vollweizenmehl. Für 6 Chapatis.

250 g gesiebtes Chapati-Mehl (Atta) oder Vollweizenmehl
½ TL Salz oder nach Bedarf
Wasser
zusätzliches Mehl zum Ausstreuen
zerlassene Butter oder Ghee (nach Wunsch, als Aufstrich)

Mehl und Salz in eine Küchenschüssel geben und langsam so viel Wasser hinzugießen (bis zu 150 ml), dass sich ein weicher, knetbarer Teig formen lässt.

Den Teig auf einer sauberen Arbeitsfläche ausbreiten und ca. 8 Minuten

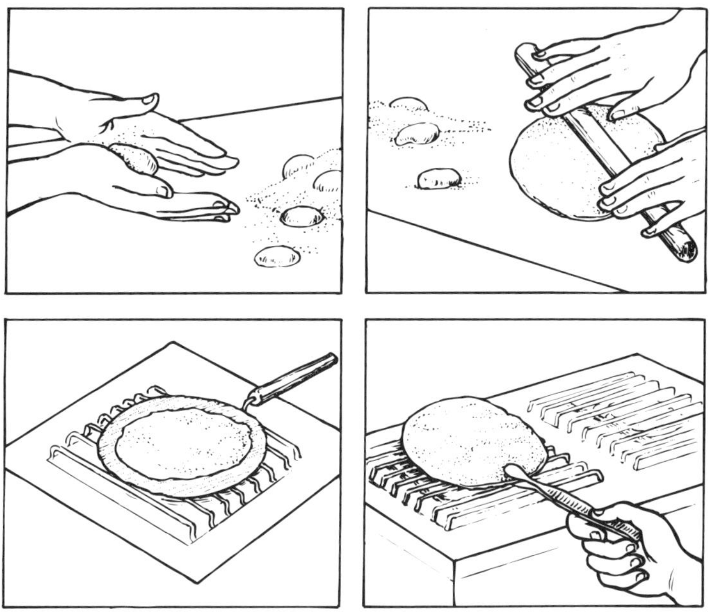

gut durchkneten, bis er glatt und geschmeidig ist. Mit einer umgedrehten Schüssel bedecken und ½–3 Stunden gehen lassen.

Nochmals 1 Minute kneten und in 6 Portionen teilen. Aus jeder Portion einen gleichmäßigen Ball formen und alle Bälle mit einem feuchten Tuch bedecken.

Eine Crêpepfanne auf mittlerer Flamme 3–4 Minuten vorheizen. Dann einen Teigball flachdrücken, mit Mehl bestreuen und zu einem dünnen, glatten Fladen von ca. 15 cm Durchmesser ausrollen.

Den Chapati in die Hand nehmen und von Hand zu Hand werfen, um ihn von überschüssigem Mehl zu befreien. Auf die vorgeheizte Pfanne gleiten lassen, ohne dass er Falten schlägt. Dann 1 Minute auf einer Seite backen. Die Oberfläche des Chapati sollte kleine Blasen werfen. Mit einer Küchenzange wenden und nochmals etwa 1 Minute backen, bis kleine braune Punkte auf der Unterseite erscheinen.

Einen zweiten Brenner auf hohe Flamme stellen und den Chapati mit der Zange ungefähr 5 cm über die Flamme halten. Er wird sich dann wie ein Ballon aufblähen. Den Chapati so lange über das Feuer halten, bis er mit ein Paar schwarzen Punkten gefleckt ist. Die fertigen Chapatis in einer Schale oder einem Korb stapeln und mit einem sauberen Tuch bedecken. Wenn alle Chapatis fertig auf einem Stapel liegen, können Sie sie mit Butter bestreichen.

Am besten heiß servieren oder in ein sauberes Tuch wickeln und im vorgeheizten Ofen bis zu ½ Stunde warmhalten.

Scharfsüßes Ananaschutney

Ananaschutney sollte „so scharf sein, dass es kaum zu ertragen ist, aber so süß, dass man nicht widerstehen kann“. Ergibt ½ l Chutney.

2 TL Ghee oder Öl
2 TL Kreuzkümmelsamen
4 getrocknete rote Chilis, zerbröselt (oder nach Wunsch)
1 große, reife Ananas, geschält, entstrunkt und gewürfelt

½ TL gemahlener Zimt
½ TL gemahlene Nelken
90 g brauner Zucker
50 g Rosinen

Das Ghee in einem schweren 2-Liter-Topf auf mittlerer Flamme erhitzen, bis es heiß ist, aber noch nicht raucht. Die Kreuzkümmelsamen in dem heißen Ghee andünsten, bis sie dunkel werden. Die Chilis hinzufügen und goldbraun braten. Nun die Ananasstücke, den Zimt und die Nelken hinzugeben.

Das Chutney sanft unter gelegentlichem Rühren etwa 45 Minuten bei mittlerer Temperatur kochen, bis die Ananasstücke gar sind und der Saft verkocht ist. Das Chutney ständig rühren, da es eindickt und die Ananasstücke am Boden zu kleben beginnen.

Zucker und Rosinen hinzufügen und alles für weitere 10–15 Minuten kochen, bis das Chutney dickflüssig wie Marmelade wird. Vom Herd nehmen und abkühlen lassen.

Auf Zimmertemperatur abgekühlt servieren.

Grießhalava mit Walnüssen und Rosinen

Halava aus Weizengrieß ist eines der beliebtesten Desserts in Hare-Kṛṣṇa-Restaurants. Die folgende Variation dieser famosen heißen Süßspeise mit saftigen Rosinen, Rohrohrzucker und Walnussstücken nimmt unter den „Top Ten des Halava“ einen hohen Rang ein.

Das Geheimnis eines guten Halava ist das sehr langsame Erhitzen des Grießes (dauert mindestens 20 Minuten). Hierzu benötigt man genug Butter, damit die Grießkörner nicht verbrennen. Lassen Sie den fertigen Halava auf sehr kleiner Flamme sieden. Verschließen Sie den Topf gut mit einem Deckel, sodass der Grieß alle Flüssigkeit absorbieren und restlos aufquellen kann. Lassen Sie ihn dann verschlossen 5 Minuten stehen. Den flockigen, weichen Halava am besten heiß, mit einem Löffel Sahne oder Vanillesauce servieren. Für 6–8 Personen.

700 ml Wasser
200 g Rohrohrzucker
75 g Rosinen
140 g Butter
220 g grobkörniger Weizengrieß
35 g Walnussstücke

Wasser, Zucker und Rosinen in einen 2-Liter-Topf geben, auf mittlerer Temperatur rühren, bis sich der Zucker ganz auflöst.

Alles zum Kochen bringen, dann den Topf mit einem Deckel gut verschließen und von der Flamme nehmen.

Die Butter in einem beschichteten Topf (2–3 Liter) auf niedriger Temperatur schmelzen (Anbrennen vermeiden) und den Grieß hinzufügen.

Den Grieß langsam und unter rhythmischem Rühren anbräunen, bis die Körner ein Aroma verströmen (etwa 20 Minuten). Nach der Hälfte dieser Zeit die Walnussstücke hinzugeben. Nun vorsichtiger rühren und die Temperatur erhöhen.

Das Zuckerwasser wieder erhitzen und zum Kochen bringen. Den Topf mit dem Grieß vom Feuer nehmen und den heißen Sirup unter ständigem Rühren langsam in den Grieß gießen. Vorsicht: Die Mischung kann heftige Blasen werfen!

Den Topf wieder auf den Herd stellen und bei niedriger Temperatur ständig rühren, bis der Grieß die Flüssigkeit völlig aufgesogen hat und eine puddingähnliche Konsistenz annimmt.

Den Topf mit einem Deckel gut verschließen und den Grieß bei möglichst geringer Temperatur weitere 5 Minuten köcheln lassen. Dann die Flamme ausstellen und den Halava im geschlossenen Topf weitere 5 Minuten ziehen lassen.

Heiß in Dessertschalen servieren, auf Wunsch mit den oben vorgeschlagenen Beilagen.

Nahöstliches Bankett

Türkischer Pilaw mit Korinthen und Pinienkernen

Libanesischer Auberginendip (Baba Ghanouj)

Kichererbsen- und Sesampüree (Hummus bi Tahini)

Couscous mit Gemüseeintopf

Israelische Kichererbsenkroketten (Falafel)

Libanesischer Bulgursalat (Tabbouleh)

Früchtekompott mit aromatischem syrischem Milchbrei

Türkischer Pilaw mit Korinthen und Pinienkernen

Wenn Sie die Pinienkerne in einer Pfanne entweder trocken rösten oder in ein wenig Olivenöl leicht anbräunen, erhalten sie einen wunderbar nussigen Geschmack. Mit aromatischen Nelken, Orangenschale, Ingwer, Thymian und saftigen Korinthen verleihen sie diesem exotischen Reisgericht aus der Türkei eine köstliche Note. Für 6 Personen.

¾ l Gemüsebrühe oder Wasser
1 EL extra natives Olivenöl
60 g Pinienkerne
½ TL gelbe Asafötida
275 g Basmatireis oder anderer langkörniger, weißer Qualitätsreis
4 ganze Nelken

1 Würfel Ingwer, ca. 2,5 cm, in Scheiben geschnitten
2 Lorbeerblätter
2 Zweige frischer Thymian, 10 cm
3 Streifen einer Orangenschale, je 8 cm lang
1½ TL Salz
½ TL frisch gemahlener schwarzer Pfeffer
40 g Korinthen
3 EL glatte Petersilie, gehackt

Die Gemüsebrühe in einem kleinen Topf bei mittlerer Flamme zum Kochen bringen. Den Topf bedecken, die Flamme kleiner stellen und die Brühe sieden lassen.

Die Hälfte des Olivenöls in einem 2-Liter-Topf bei niedriger bis mittlerer Temperatur erhitzen. Die Pinienkerne in das heiße Öl geben und 1–2 Minuten braten, bis sie leicht goldbraun werden und duften. Den Topf vom Feuer stellen, die Pinienkerne aus dem Öl nehmen und auf einem Papiertuch abtropfen lassen. Dann den Topf mit dem restlichen Öl wieder auf den Herd stellen.

Das Öl erneut erwärmen und die Asafötida hineingeben. Kurz rühren, dann den Reis hinzugeben. 2–3 Minuten rühren, bis die Körner glasig werden.

Nun die kochende Brühe in den Reis gießen und Nelken, Ingwer, Lorbeerblätter, Thymian, Orangenschale, Salz und Pfeffer hinzugeben. Die Flamme auf höchste Stufe stellen und den Reis zum Kochen bringen. Dann sofort die Hitze auf klein stellen und den Topf mit einem Deckel gut verschließen.

Den Reis ohne Rühren ca. 20–25 Minuten sieden lassen, bis die Flüssigkeit vollständig aufgesogen und der Reis zart und flockig ist.

Den Topf vom Herd nehmen und den Reis 5 Minuten stehenlassen, damit er fest wird. Den Deckel anheben und vorsichtig Nelken, Thymian, Ingwer und Lorbeerblätter herausnehmen (sollten sich alle an der Oberfläche befinden).

Nun die Korinthen, die Nüsse und die Petersilie behutsam unterheben und alles zusammen heiß servieren.

Libanesischer Auberginendip (Baba Ghanouj)

Diese Version der berühmten nahöstlichen Vorspeise kann als Appetitanreger mit Brot, Salat und einer Reihe anderer köstlicher Gerichte serviert werden. Sein besonderes Merkmal ist sein rauchiger Geschmack, der daher kommt, dass man die Auberginen so lange bäckt, bis sie schwärzlich werden. Für 4 Personen.

2 große Auberginen
ein Schuss Olivenöl
120 g Tahin
Saft von 2 großen Zitronen
½ TL Salz
¼ TL grob gemahlener schwarzer Pfeffer
½ TL gelbe Asafötida
1 EL fein gehackte Petersilie
1 TL Paprika oder Cayennepfeffer

Die Auberginen mit einem scharfen Messer aufschlitzen, damit der Rauch während des Backens entweichen kann.

Die Auberginen leicht einölen und in den auf 200° vorgeheizten Ofen legen. Ca. 40 Minuten backen, bis die Schale angekohlt und knusprig ist.

Die Auberginen wieder aus dem Ofen nehmen und vollständig aushöhlen. Das Mark, das nun ein rauchiges Aroma haben sollte, in eine Schüssel geben und sorgfältig zerstampfen.

Das Auberginenmark mit Tahin, Zitronensaft, Salz, Pfeffer, Asafötida und Petersilie verrühren, bis es eine homogene Masse ergibt. Falls sie zu dick ist, ein wenig Wasser dazugeben. Den Dip nun in eine Servierschüssel geben, das Olivenöl über die Mitte gießen und mit Paprika oder Cayennepfeffer garnieren. Sofort servieren.

Kichererbsen- und Sesampüree (Hummus bi Tahini)

Kichererbsen sind eine wichtige Quelle für Proteine, Ballaststoffe, Eisen, Vitamin A, B1, B2 und B6, Lysin, Niacin, Calcium, Phosphor, Natrium und Kalium. 200 g Kichererbsen besitzen die verwertbaren Proteine eines 30-g-Steaks. Wenn Kichererbsen mit Milchprodukten kombiniert werden, steigert sich ihr nutzbarer Proteinwert. Dieses berühmte Mus lässt sich sowohl als Dip als auch als Brotaufstrich verwenden. Ergibt ca. 250 ml.

200 g getrocknete Kichererbsen
60 ml Zitronensaft
½ TL gelbe Asafötida
6 EL Tahin
1 TL Salz

Die Kichererbsen über Nacht oder für mindestens 12 Std. in kaltem Wasser einweichen. Alle Kichererbsen, die im Einweichwasser an der Oberfläche schwimmen, wegwerfen. Die restlichen Kichererbsen auf ein Tuch schütten und verlesen, um kleine Steinchen und Verschmutzungen zu entfernen.

Die Kichererbsen trocknen lassen und in einen großen Topf geben. Mit kaltem Wasser begießen (etwa die dreifache Volumenmenge der Kichererbsen) und zum Kochen bringen. Die Hitze bis zum Siedepunkt reduzieren und die Kichererbsen für 1 Std. kochen lassen, bis sie weich sind.

Die Kichererbsen abgießen, das Kochwasser jedoch aufbewahren. Die Kichererbsen ein wenig abkühlen lassen, reiben, sodass sich ihre Schale löst, und in kaltes Wasser geben. Die aufsteigenden losen Schalen entnehmen und entsorgen.

Nun die geschälten Kichererbsen zusammen mit Zitronensaft, Asafötida, Tahin und der Hälfte des Salzes in einen Mixer geben und pürieren. Bei Bedarf einen Teil des beiseite gestellten Kochwassers hinzufügen. Das übrige Salz je nach Bedarf verwenden.

Couscous mit Gemüsesauce

Während in vielen asiatischen Ländern vorwiegend Reis gegessen wird, ist in der nordafrikanischen Küche Couscous die wichtigste Getreidespeise. Couscous wird aus Grieß gewonnen und ist in den meisten Supermärkten erhältlich. Hier wird es nach der „schnellen Methode" gekocht.

Couscous wird auf dem Teller in Form eines kleinen Hügels serviert, dessen Spitze mit einer Gemüsesauce übergossen wird. Die übrige Flüssigkeit der Sauce wird meist in separaten kleinen Schälchen angerichtet. Servieren Sie Couscous als Hauptgericht mit einem Löffel Harissa, einer in Nordafrika allseits bekannten scharfen Pfeffersauce. Für 8–10 Personen.

Gemüsesauce

1 EL Butter oder Öl
½ TL gelbe Asafötida
6 kleine Zucchini, in Scheiben geschnitten
2 mittelgroße grüne Paprikaschoten, entkernt und in breite Streifen geschnitten
250 g Kürbis, gewürfelt
1 große Kartoffel, geschält und grob gehackt
2 kleine Steckrüben, in Stäbe geschnitten
mindestens 1 l Wasser
375 g Kichererbsen, gekocht und abgetropft
8 mittelgroße Tomaten, gewürfelt
1½ TL gemahlener Koriander
1½ TL gemahlener Kreuzkümmel
2 TL Kurkuma
½ TL Cayennepfeffer
2 kleine scharfe grüne Chilis, gehackt
1½ TL Salz
½ TL frisch gemahlener schwarzer Pfeffer

Couscous

½ l Wasser
1 TL Öl
1 TL Salz
350 g Couscous
1–2 EL Butter oder Öl (nach Wunsch)

Zubereitung der Sauce

Die Butter bzw. das Öl bei mittlerer Hitze in einem schweren Topf leicht erhitzen. Asafötida, Zucchini, Paprika, Kürbis, Kartoffel und Steckrüben hinzugeben und alles 10 Minuten sautieren. Dann die Hälfte des Wassers hineingeben und zum Kochen bringen. Die Hitze reduzieren und 30 Minuten sieden lassen.

Die Kichererbsen, die Tomaten, den Koriander, den Kreuzkümmel, die Kurkuma, den Cayennepfeffer, die Chilis, das Salz, den Pfeffer und das restliche Wasser (bei Bedarf mehr) hinzugeben. Alles gut verrühren, die Temperatur auf Siedepunkt reduzieren und weitere 15 Minuten köcheln lassen. Kurz bevor der Eintopf fertig ist, den Couscous aufsetzen.

Zubereitung des Couscous

½ l Wasser in einem großen Topf erhitzen, Öl und Salz hinzufügen. Sobald das Wasser kocht, vom Herd nehmen.

Nun vorsichtig den Couscous hineinrühren. Den Topf gut verschließen und für 2 Minuten beiseite stellen. Den Deckel vom Topf nehmen und 2–3 EL Butter hineingeben. Den Couscous nochmals auf niedriger Temperatur für 3 Minuten erhitzen und dabei mit einer Gabel gut umrühren.

Anrichten

Den Couscous auf einer großen, vorgewärmten Servierplatte zu einem Hügel aufhäufen. Einen Teil der Saucenflüssigkeit abschöpfen (um sie als Beilage in kleinen Schalen zu servieren). Den Rest des Topfinhalts über dem Couscous-Hügel ausleeren. Heiß servieren.

Israelische Kichererbsenkroketten (Falafel)

Diese würzigen Kichererbsenkroketten werden meist zusammen mit Tahin-Sauce oder Hummus und grünem Salat als Füllung in orientalischen Fladenbroten serviert. Sie sollten für dieses Rezept weder vorgekochte Kichererbsen noch Kichererbsen aus der Dose benutzen. Ergibt 14–16 Falafeln.

230 g getrocknete Kichererbsen, über Nacht eingeweicht und abgetropft
½ TL gelbe Asafötida
50 g fein gehackte Petersilie
1 TL gemahlener Koriander
1 TL gemahlener Kreuzkümmel
¼ TL Cayennepfeffer
1½ TL Salz
¼ TL frisch gemahlener schwarzer Pfeffer
½ TL Backpulver
Öl zum Frittieren

Die eingeweichten Kichererbsen in einem Mixer fein zerkleinern und in eine Schüssel geben. Die Kräuter, die Gewürze, das Salz und das Backpulver dazugeben. Alles gut mischen, durchkneten und 30 Minuten stehenlassen.

Aus der Mischung 14–16 kleine Falafel-Bällchen formen. Wenn Sie zu sehr kleben, mit ein wenig Mehl bedecken.

Einen Wok oder eine Karhai mit 6–8 cm Öl füllen und auf mittlere Temperatur (180°) erhitzen. 6–8 Falafeln auf einmal 5–6 Minuten frittieren, bis sie gleichmäßig goldbraun sind (ab und zu wenden).

Mit einer Schaumkelle herausheben und auf einem Papiertuch abtropfen lassen. Die restlichen Falafeln ebenso frittieren. Heiß servieren (wie oben empfohlen).

Libanesischer Bulgursalat (Tabbouleh)

Dieser libanesische Salat ist wahrscheinlich die beliebteste Vorspeise aus dem Nahen Osten. Bulgurweizen (geschälte, vorgekochte, getrocknete und gemahlene Hartweizenkörner) ist nicht nur schmackhaft, sondern auch sehr nahrhaft: reich an Proteinen, Calcium, Phosphor, Eisen, Kalium, Niacin sowie Vitamin B1 und B2. Bulgursalat ist leicht herzustellen und charakteristisch für seinen frischen Geschmack nach Zitrone, Minze und Petersilie. Tabbouleh wird im Allgemeinen auf frischen, knackigen Salatblättern serviert. Um den typischen frischen Zitronengeschmack zu gewährleisten, können Sie auch mehr Zitronensaft verwenden. Für 6 Personen.

250 g feiner Bulgur
½ TL gelbe Asafötida
50–100 ml frischer Zitronensaft
50 ml Olivenöl
1½ TL Salz
¼ TL grob gemahlener schwarzer Pfeffer
200 g fein gehackte Petersilie
3 EL frische Minze
2 TL Sumach (nach Wunsch)
120 g entkernte, ungeschälte Gurken, gewürfelt (1–2 cm)
2 mittelgroße Tomaten, fein gewürfelt
Salatblätter zum Dekorieren

Den Bulgur 1½ Stunden in warmem Wasser einweichen. Dann abtropfen lassen, auf einem Tuch ausbreiten und abtupfen, sodass er trocken wird.

Den eingeweichten Bulgur zusammen mit Asafötida, Zitronensaft, Olivenöl, Salz, Pfeffer, Petersilie, Minze und Sumach in eine große Schüssel geben und vermischen. Die Gurken- und Tomatenstücke unterheben. Kühlstellen und auf den Salatblättern servieren.

Früchtekompott mit aromatischem syrischem Milchbrei

Gekochte Trockenfrüchte passen hervorragend zur nahöstlichen Puddingspeise namens Muhalabia. Jede Region bereitet dieses Dessert auf ihre eigene Weise zu, sodass es überall anders aussieht und anders schmeckt. Einige verfeinern Muhalabia mit Orangenblütenwasser, andere mit Rosenwasser, einige versehen es mit gehackten Mandeln, andere mit Pistazien. In der Türkei verwendet man Vanille oder Zitronenschalen, im Iran Kardamom. Für 6 Personen.

Zubereitung des Kompotts

200 g getrocknete Feigen
200 g Zucker
1 Vanilleschote, geteilt
1 Zimtstange
die fein geriebene Schale einer Orange und einer halben Zitrone
der Saft einer Orange und einer halben Zitrone
100 g entsteinte Backpflaumen
85 g getrocknete Aprikosen
125 g getrocknete Pfirsiche

Die Feigen für 1 Stunde in heißem Wasser einweichen und abtropfen lassen.

Den Zucker, die Vanilleschote, die Zimtstange, die Zitrusschalen sowie die Fruchtsäfte und 150 ml Wasser in einen Topf geben.

Zum Kochen bringen, dann die Hitze reduzieren und 10 Minuten sieden lassen. Nun die Feigen zusammen mit den anderen Trockenfrüchten hineingeben und alles im gut geschlossenen Topf für ca. ½ Stunde sieden lassen, bis die Früchte zart und weich sind. Auf Zimmertemperatur abkühlen lassen.

Mit dem aromatischen Milchbrei (Rezept wie folgt) servieren.

Aromatischer syrischer Milchbrei (Muhalabia)

175 g Reismehl
1¼ l kalte Milch
110 g Zucker
1–2 EL reines destilliertes Rosenwasser
1–2 EL gehackte Pistazienkerne

Das Reismehl langsam unter ¼ l kalte Milch rühren und gut durchquirlen, um Klumpenbildung zu vermeiden.

Den Rest der Milch in einem schweren Topf zum Kochen bringen.

Die Reismehl-Milch-Mischung unter ständigem Rühren in die kochende Milch geben und 10–15 Minuten auf niedriger Hitze kochen, bis die Mischung andickt. Nun den Zucker hineinschlagen, bis er sich auflöst. Dann den Topf vom Herd nehmen und das Rosenwasser hineingeben.

Die gesamte Mischung solange schlagen, bis sie cremig und homogen ist. Kühlstellen.

Zum Servieren den Milchbrei in eine große Servierschale oder einzelne Schälchen geben und mit den Pistazien dekorieren. Als Beilage zum Früchtekompott servieren.

Klassisches Wintermenü

Kürbiscremesuppe

Gemüsegratin

Kräuterbrötchen

Italienischer Salat

Carobkuchen

Würziger heißer Apfelsaft

Kürbiscremesuppe

Kürbissuppe ist ein traditionelles Wintergericht. Durch die einfache Würzung – schwarzer Pfeffer und Muskat – kommt der Geschmack des Kürbis voll zur Geltung. Für 4 Personen.

¾ l Wasser
400 ml Milch
2 EL Butter
¼ TL Muskat
¼ TL frisch gemahlener schwarzer Pfeffer
1 kg Kürbis, geschält, entkernt und grob gewürfelt
1 EL (weißes) Weizenmehl
1 TL Salz
1 EL Schlagsahne
2 EL gehackte frische Petersilie

Die Hälfte der Butter in einem 6-Liter-Topf bei mittlerer Hitze zum Schmelzen bringen. Muskat, schwarzen Pfeffer und die Kürbiswürfel hinzugeben und 10 Minuten sautieren. Dann das Wasser hineingeben und kochen, bis der Kürbis ganz weich ist.

Den Topfinhalt mit der Hälfte der Milch in einem Mixer pürieren. Dann beiseite stellen und den Topf ausspülen.

Die übrige Butter im Topf bei mittlerer Temperatur erhitzen und das Mehl einrühren. Das Kürbispüree zusammen mit der übrigen Milch in den Topf geben und gut verrühren. Die Suppe zum Kochen bringen, einige Minuten köcheln lassen und salzen.

Die heiße Suppe in vorgewärmten Suppenschalen servieren und mit Schlagsahne und gehackter Petersilie garnieren.

Gemüsegratin

Dieses reichhaltige Hauptgericht besteht aus leicht gedünstetem Gemüse in einer Mornaysauce, mit geriebenem Käse bestreut und goldbraun gebacken. Es passt hervorragend zu einer leichten Suppe und einer Brotbeilage. Für 6–8 Personen.

1–1,5 kg ausgewählte Gemüse, in große, mundgerechte Stücke geschnitten (wählen Sie am besten aus den folgenden Gemüsesorten aus: Blumenkohl, Brokkoli, Möhren, grüne Bohnen, grüne Erbsen, Babykartoffeln, Spargel, Kürbis, Süßkartoffeln)
75–150 g Butter
¼ TL gelbe Asafötida
¼ TL Muskat
90 g Weizenmehl
1¼ Liter warme Milch
2 TL Salz
¾ TL gemahlener weißer Pfeffer
250 g geriebener Käse

1 weiterer EL Butter (nach Wunsch)
2 EL gehackte frische Petersilie

Das Gemüse dünsten, bis es fast gar ist.

Die Butter in einem mittelgroßen Topf bei mäßiger Temperatur zum Schmelzen bringen, dann vom Herd nehmen. Asafötida und Muskat hinzugeben und mit einem Holzlöffel das Mehl darunterrühren, sodass eine homogene Masse entsteht. Dann langsam unter ständigem Rühren die Milch hinzugeben.

Den Topf wieder auf das Feuer stellen und die Sauce unter Rühren zum Kochen bringen. Auf niedriger Temperatur unter ständigem Rühren 1 Minute sieden lassen, bis die Sauce gleichmäßig eindickt. Salz, Pfeffer und die Hälfte des geraspelten Käses, dann das gedünstete Gemüse hineingeben und alles gut vermischen.

Das Gemüse in eine mit Butter bestrichene Backform geben, mit dem übrigen Käse bedecken und kleine Butterstückchen darauf verteilen.

Im vorgeheizten Ofen bei 200° ca. 25 Minuten backen, bis die Oberfläche goldbraun ist.

Mit frischer, gehackter Petersilie garnieren und heiß servieren.

Kräuterbrötchen

In diesem Rezept wird ein Hefeteig mit Kräutern versehen und zu kleinen Brötchen geformt, welche man in einer Quicheform oder einer flachen Kuchenform backt, sodass sie während des Backens zu einem kreisförmigen Gebilde zusammenwachsen. Bei Tisch kann dann jeder nach Belieben ein Brötchen abbrechen.

1 TL Trockenhefe
ca. 0,3 l warmes Wasser
1 TL Zucker
400 g Vollweizenweizenmehl
1 TL Salz

3 TL Öl
1 TL frische Thymianblätter, klein gehackt
1 TL frische Oreganoblätter, klein gehackt
2 TL frische Basilikumblätter, gehackt
½ TL gelbe Asafötida
Mohnsamen, Sesamkörner, feine Haferflocken oder getrocknete Kräuter zum Bestreuen

Die Hefe, einige Teelöffel warmes Wasser und den Zucker in eine kleine Schüssel geben und ca. 10 Minuten stehenlassen, bis die Mischung zu schäumen beginnt.

Mehl und Salz verrühren und das Öl, die Kräuter und die Asafötida hineinmischen.

Eine Kuhle in der Mitte des Mehls formen und die Hefemischung hineingießen. Dann drei Viertel des warmen Wassers dazugießen und alles gut vermengen. Falls nötig, auch das übrige warme Wasser dazugeben, sodass ein weicher, aber nicht klebriger Teig entsteht. Etwa 5 Minuten kneten, bis der Teig homogen ist.

Den Teig in eine eingefettete Schüssel geben und mit Plastikfolie abdecken. An einem warmen Ort etwa 1 Stunde gehen lassen, bis der Teig das doppelte Volumen erreicht hat.

Den Teig schlagen und drücken und in 18 gleichmäßige Stücke teilen. Alle Stücke mit der Hand auf einer mit Mehl besprengten Holz- oder Marmorplatte zu Bällen rollen und auf einem eingefetteten Backblech anordnen. Bedenken Sie dabei, dass sie doppelt so groß werden.

Die Teigbälle nochmals 30 Minuten gehen lassen, dann mit Wasser besprenkeln und mit den Mohnsamen, dem Sesam, den Haferflocken oder den getrockneten Kräutern bestreuen.

Den Ofen auf 220° vorheizen und die Brötchen 30–35 Minuten backen, bis sie goldbraun sind. Gleich servieren.

Italienischer Salat

Diese delikate Kombination aus frischen Kräutern, gedämpftem Gemüse und mariniertem Feta-Käse in einem köstlichen Zitronen-Öl-Dressing sollte man zusammen mit knusprigen Brötchen servieren. Für 6 Personen.

1 mittelgroße Zucchinifrucht, in längliche Keile geschnitten
2 mittelgroße Karotten, geschält und in längliche Keile geschnitten
2 Stiele Staudensellerie, diagonal in dünne Scheiben geschnitten
60 g Zuckerschoten (Enden und Fäden entfernen)
6 in Salzwasser marinierte Artischockenherzen, abgetropft und geviertelt
150 g Feta-Käse, grob gewürfelt
3 Radieschen, in Scheiben geschnitten
2 oder 3 Kopfsalatblätter (von innen), in hauchdünne Streifen geschnitten
2 mittelgroße grüne Chilis, entkernt und in lange, hauchdünne Streifen geschnitten
80 g Cocktailtomaten, halbiert
60 ml Olivenöl
½ TL gelbe Asafötida
60 ml frisch gepresster Zitronensaft
1 EL gehacktes frisches Basilikum
1 TL Senfpulver, vermischt mit 2 TL kaltem Wasser
1 TL Salz
½ TL frisch gemahlener schwarzer Pfeffer
Knackige Salatblätter als Grundlage zum Anrichten
Frische Basilikumblätter zum Garnieren
50 g entsteinte schwarze Oliven zum Garnieren

Karotten und Sellerie in einem großen Topf mit kochendem, leicht gesalzenem Wasser blanchieren, bis das Gemüse zart, aber noch bissfest ist (ca. 2 Minuten). In der letzten Minute Zucchini und Zuckerschoten hinzugeben. Den Topf vom Herd nehmen und das Gemüse abgießen. Unter kaltem Wasser abschrecken und noch einmal abgießen. Dann kühlstellen.

Artischockenherzen, Feta-Käse, Radieschen, Kopfsalatstreifen, Chilis, Tomaten und das blanchierte Gemüse in eine große Schüssel geben.

Olivenöl, Asafötida, Zitronensaft, Basilikum, Senfpaste, Salz und Pfeffer in einer Schüssel vermengen.

Das Dressing unter das Gemüse mischen und zugedeckt im Kühlschrank für mindestens eine Stunde stehenlassen.

Den Salat auf ganzen Kopfsalatblättern servieren und mit Basilikumblättern und schwarzen Oliven garnieren.

Carobkuchen

Dieser leckere Carobkuchen ist sehr leicht und wird ohne Eier hergestellt. Seine lockere Struktur erhält er durch die Dickmilch. Ergibt einen Kuchen von 20 cm Durchmesser.

125 g Butter (Zimmertemperatur)
175 g feiner Streuzucker
1 TL Vanilleessenz
100 g Carobpulver
125 ml heißes Wasser
2 TL frisch gepresster Zitronensaft
¼ l Milch
225 g Weizenmehl
1 TL Backpulver
1 TL Natron (Backsoda)
1 Prise Salz
Marmelade und Schlagsahne für die Füllung
Carobglasur (Rezept folgt)

Den Ofen auf 180° vorheizen. Butter, Zucker und Vanilleessenz zu einer homogenen Masse verrühren.

Das Carobpulver unter das heiße Wasser quirlen und zu einer einheitlichen Paste schlagen.

Die Carobmischung mit der Butter-Zucker-Mischung vermengen.

Den Zitronensaft mit der Milch vermischen (diese Kombination ist ein hervorragender Ei-Ersatz).

Mehl, Backpulver, Natron (Backsoda) und Salz durchsieben und abwechselnd mit der gesäuerten Milch portionenweise in die Carobcreme geben. Alles gut durchmischen.

Den Kuchenteig in zwei eingefettete Kuchenformen (20 cm im Durchmesser) geben. Etwa 30 Minuten backen oder bis sich die Oberfläche bei leichtem Druck elastisch anfühlt. Den Kuchen 10 Minuten in den Formen abkühlen lassen.

Herausnehmen und ganz abkühlen lassen. Mit Marmelade und Schlagsahne füllen und mit Carobglasur bestreichen.

Carobglasur

125 g Butter
275 g Puderzucker
4 EL Carobpulver
2 EL heißes Wasser

Die Butter cremig schlagen. Den Zucker sieben. Das Carobpulver in das heiße Wasser rühren. Dann den Puderzucker abwechselnd mit der Carobmischung in die Butter hineinrühren, bis alles streichzart wird.

Würziger heißer Apfelsaft

Verwenden Sie für dieses Winterabendgetränk frisch gepressten Apfelsaft oder Apfelsaft aus der Flasche. Für 6 Personen.

1½ l Apfelsaft
1 Zimtstange (10 cm)
6 ganze Nelken
¼ TL ganze Kardamomsamen
Zitronenscheiben
Honig als Süßungsmittel, falls erforderlich

Den Apfelsaft mit den Gewürzen in einem großen Topf mit schwerem Boden bei hoher Temperatur zum Kochen bringen. Den Topf verschließen, die Hitze auf niedrig stellen und den Saft 20 Minuten sieden lassen.

Die Gewürze erst kurz vor dem Servieren entnehmen. Heiß servieren, mit Zitronenscheiben und dem optionalen Honig.

Lateinamerikanisches Buffet

Mexikanischer Reis mit grünen Chilis (Arroz Verde)

Süßkartoffelsuppe mit Mais und Chilis

Chili-Käse-Plätzchen

Tortillas mit Käsebohnen (Tostadas)

Eisgekühlter Papayadrink (Refresco de Papaya)

Mexikanischer Reis mit grünen Chilis (Arroz Verde)

Arroz Verde (wörtlich „grüner Reis") verdankt seinen Namen der grünlichen Färbung durch Spinat, frische Petersilie und Korianderblätter. Für seinen besonderen Geschmack sorgen die frischen, sehr milden, großen grünen Chilis (Poblanos oder Anaheim-Chilis). Falls Sie diese Chilisorten nicht bekommen, können Sie irgendwelche anderen großen, milden grünen Chilis verwenden. Für 4–6 Personen.

3 große, milde, frische grüne Chilis
3 oder 4 große Spinatblätter, gut gewaschen und abgetropft
65 g gehackte Petersilie
30 g gehackte frische Korianderblätter
0,75 l Gemüsebrühe
1½ TL Salz
2 TL Olivenöl
½ TL gelbe Asafötida

275 g langkörniger weißer Reis
¼ TL grob gemahlener schwarzer Pfeffer

Die Chilis mithilfe einer Küchenzange an einer Gasflamme rösten, bis sie ein wenig braun werden. Dann in eine Plastiktüte legen und diese verschließen. Wenn die Chilis abgekühlt sind, wieder aus der Tüte nehmen, schälen und entkernen. In dünne Streifen schneiden und in eine kleine Schüssel legen.

Die Spinatblätter und die Hälfte der Kräuter mit ein wenig Gemüsebrühe pürieren.

Das grüne Püree mit der übrigen Brühe und dem Salz in einen 2-Liter-Topf geben und bei mittlerer Temperatur zum Kochen bringen.

Das Öl in einem weiteren 2-Liter-Topf bei mittlerer Temperatur erhitzen. Wenn es heiß ist, die Asafötida hineinstreuen, kurz rühren und den Reis dazugeben. 2–3 Minuten sautieren, bis er glasig wird.

Die Gemüsebrühe hineingießen, auf hohe Temperatur stellen und zum Kochen bringen. Mit einem Deckel verschließen und die Hitze auf den Siedepunkt reduzieren.

Den Reis ohne zu rühren ca. 15–20 Minuten kochen, bis die Körner weich, trocken und zart sind.

Den Topf vom Herd nehmen und 5 Minuten stehenlassen. Den Deckel abnehmen und die übrigen Kräuter sowie den Pfeffer hineinrühren.

Heiß servieren und jede Portion mit einigen Streifen gerösteter Chilis garnieren.

Süßkartoffelsuppe mit Mais und Chilis

Die Süßkartoffel wurde, wie die gewöhnliche Kartoffel, ursprünglich im prähistorischen Peru angebaut, wird nun aber überall auf der Welt in hunderten verschiedenen Sorten geerntet. Die bekanntesten Sorten sind gelb und weiß. Generell gilt: Je blasser das Innere der Süßkartoffel, desto trockener ist sie. Die dunkleren Knollen sind saftiger und süßer.

Süßkartoffeln passen wunderbar zu frischem Mais, einer weiteren südamerikanischen Spezialität. Um Kontrast zu schaffen, habe ich die Maiskörner für die Suppe ganz gelassen, doch wer mag, kann den Mais ebenso gut mit den Süßkartoffeln pürieren. Für 4–6 Personen.

1 EL Butter oder Öl
1 TL gelbe Asafötida
600–750 g Süßkartoffeln, fein gewürfelt
1 l reichhaltige Gemüsebrühe
175 g gekochte Maiskörner
1 grüner Chili, entkernt und fein gewürfelt
1½ TL Salz (falls die Gemüsebrühe bereits Salz enthält, weniger)
½ TL frisch gemahlener schwarzer Pfeffer
ganze Korianderblätter zur Garnieren

Die Butter in einem 3-Liter-Topf bei mittlerer Flamme erhitzen.

Die Asafötida hineinstreuen und die Süßkartoffeln dazugeben. Die Kartoffeln 2–3 Minuten sautieren, dann die Gemüsebrühe hineingießen. 15–20 Minuten kochen, bis die Süßkartoffeln zart werden, aber noch nicht zerfallen. Den Topf vom Feuer nehmen. Die Süßkartoffeln abgießen, aber den Sud aufbewahren und zurück in den gespülten Topf geben.

Die Süßkartoffeln zusammen mit einem Teil des Suds pürieren.

Das Süßkartoffelpüree in die kochende Brühe geben und den Herd wieder auf mittlere Temperatur stellen. Nun den gekochten Mais, Chili, Salz und Pfeffer dazugeben.

Die Suppe weitere 10 Minuten sieden lassen.

Heiß servieren, zusammen mit knusprigem Brot und garniert mit frischen Korianderblättern.

Chili-Käse-Plätzchen

Als ich dieses Rezept für Chili-Gebäck von einer alten Dame aus Pasadena zugeschickt bekam, hatte ich zunächst meine Zweifel. Aber sie versicherte mir, die Plätzchen seien eine Delikatesse. Als die ersten fertig waren, musste ich ihr zustimmen. Für 18 Plätzchen.

140 g Weizenmehl
80 g gelbes Maismehl (Polenta)
2 TL Backpulver
½ TL Natron (Backsoda)
½ TL Salz
2 EL kalte Butter, in Stücke geschnitten
150 g geriebener Hartkäse
2 oder 3 eingelegte Jalapeño-Chilis (ca. 4 cm), fein gehackt
*2 oder 3 frische Jalapeño-Chilis (ca. 4 cm), fein gehackt**
150 ml Milch

Den Ofen auf 220° vorheizen.

Mehl, Maismehl, Backpulver, Natron und Salz in eine Schüssel sieben. Die Butter dazugeben, alles gut durchkneten und zu einem krümeligen Teig verarbeiten.

Käse, Chilis und dann die Milch daruntergeben und solange rühren, bis ein weicher, klebriger Teig entsteht.

Den Teig in gehäuften Esslöffeln auf ein eingefettetes Backblech portionieren.

Die Plätzchen auf mittlerer Einschubhöhe ca. 15–20 Minuten backen, bis sie leicht golden sind.

Auf Zimmertemperatur abgekühlt servieren.

* In Europa sind mexikanische Jalapeño-Chilis vor allem in eingelegter Form erhältlich. Falls Sie keine frischen Jalapeños bekommen, können Sie andere (mittelscharfe) Chilis verwenden.

Tortillas mit Käsebohnen (Tostadas)

Eine beliebte mexikanische Kombination: eine Portion gebratene Bohnen *(Frijoles Refritos)*, knackiger Salat, Guacamole (Avocadodip), saure Sahne, eine pikante Sauce und Käse auf einer knusprig gebackenen Maistortilla. Achtung: Dieses Gericht hat eine nicht zu leugnende Tendenz zum Schmieren und Kleckern. Servieren Sie es daher vorsorglich mit einem Stapel Servietten.

6 große Maismehltortillas
Öl zum Frittieren
Frijoles Refritos (Rezept folgt)
4 mittelgroße Tomaten, fein gewürfelt oder in dünne Keile geschnitten
150 g klein geschnittener Eisbergsalat
2 reife, mittelgroße Avocados, zerstampft mit ein wenig Salz, Pfeffer und Zitrone; oder Guacamole (Rezept folgt)
50–100 g leichter Sauerrahm
pikante Tomatensauce (Rezept folgt)
100 g geriebener Hartkäse

Ausreichend Öl zum Braten der Tortillas in einer Pfanne erhitzen. Wenn das Öl heiß ist, den ersten Tortilla hineingeben.

Einzeln braten, bis sie auf beiden Seiten goldbraun sind. Mit einer Küchenzange aus dem Öl nehmen, abtropfen lassen und, solange sie noch heiß sind, in eine flache Schale pressen, sodass sie die Form der Schale annehmen. Sobald sie fest geworden sind, herausnehmen. So mit allen Tortillas verfahren.

Die Tortillas wie folgt belegen: eine Schicht *Frijoles Refritos*, einige Tomatenstücke, etwas geschnitzelter Salat, ein Esslöffel Avocadocreme oder Guacamole, ein Klecks saure Sahne, ein voller Esslöffel Tomatensauce und eine großzügige Portion geraspelter Käse. Gleich servieren.

Guacamole (Avocadodip)

2 reife, mittelgroße Avocados, geschält, entkernt und zerstampft
2 EL fein geschnitzelter Eisbergsalat

1 oder 2 kleine grüne Chilis, entkernt und fein gehackt
2 TL frischer Zitronen- oder Limettensaft
¼ TL gelbe Asafötida
½ TL Salz
¼ TL frisch gemahlener schwarzer Pfeffer

Alle Zutaten vermengen.

Gebratene Bohnen (Frijoles Refritos)

2 TL Butter oder Öl
¼ TL gelbe Asafötida
375 g gekochte Pintobohnen oder rote Kidneybohnen
1 TL Chilipulver (oder weniger, je nach Geschmack)
½ TL gemahlener Kreuzkümmel
½ TL Salz

Die Butter bzw. das Öl in einer Pfanne bei mittlerer bis hoher Temperatur erhitzen. Die Asafötida hineinstreuen, dann die Hälfte der Bohnen hinzugeben sowie einige EL Wasser, das Chilipulver, den Kreuzkümmel und das Salz.

Die Bohnen sautieren, bis sie anfangen, am Pfannenboden zu kleben, dann teilweise zerstampfen.

Nun den Rest der Bohnen und noch etwas Wasser hinzugeben. Die Bohnen weiter sautieren, währenddessen mit einem Schaber das Festkleben am Pfannenboden verhindern. Wenn die Bohnen eine kompakte Masse sind, die Pfanne von der Flamme nehmen.

Pikante Tomatensauce

1 TL Olivenöl
1 TL grüne Chilis, entkernt und fein gehackt
¼ TL gelbe Asafötida
1 TL Chilipulver (oder weniger, je nach Geschmack)
200 g Tomatenpüree
½ TL Zitronensaft
½ TL Salz
1 TL Zucker

Das Öl in einem kleinen Topf auf mittlerer Flamme erhitzen. Die Chilis hineinstreuen und 30 Sekunden andünsten. Asafötida, Chilipulver und Tomatenpüree hineingeben und zum Kochen bringen. Die Hitze auf den Siedepunkt reduzieren.

Die Sauce unbedeckt 5 Minuten köcheln lassen, bis sie etwas an Volumen verliert. Dann Zitronensaft, Salz und Zucker hinzugeben und den Topf vom Feuer nehmen.

Eisgekühlter Papayadrink (Refresco de Papaya)

Reife Papayas, seien sie rot, orange oder gelb, sind herrlich süß. Wählen Sie eine Papaya aus, die so weich ist, dass ein leichter Druck mit dem Finger einen Eindruck hinterlässt. Sie sollte ein süßliches Aroma haben und ein wenig nach Moschus duften. Dieses Erfrischungsgetränk aus Guatemala wird mit Limetten und Vanille verfeinert. Als Ersatz für Limetten sind Zitronen möglich. Kalt servieren. *Refresco!* Für 4–6 Personen.

1 große, reife Papaya, ca. 700 g
150 ml eiskalte Buttermilch oder Magermilch
100 g Zucker
das schwarze Mark aus einer Vanilleschote oder 1 TL Vanillezucker
½ l zerstoßenes Eis
5 EL frisch gepresster Limettensaft
½ TL fein geraspelte Limettenschale
Dünne Limettenscheiben zum Garnieren (nach Wunsch)

Die Papaya schälen, halbieren, entkernen und grob würfeln.

In einem Mixer auf höchster Stufe zusammen mit Butter- oder Magermilch, Zucker, Vanille und dem Eis gut durchmixen. Nun den Limettensaft und die geriebene Schale hinzufügen und alles nochmals passieren, sodass die Mischung eine feine, cremige Konsistenz bekommt.

Das Getränk in hohen gekühlten Gläsern servieren, auf Wunsch mit Limettenscheiben garnieren.

Griechisches Festessen

Griechischer Bohneneintopf (Fasoulada)

mit knusprigem Brot, Käse und Kalamata-Oliven

Warmer Gemüsesalat mit griechischem Öl- und Zitronendressing

Griechischer Auberginenauflauf (Moussaka)

Nuss-Honig-Schnitten (Baklava)

Griechischer Bohneneintopf (Fasoulada)

Wahrscheinlich besitzt jede griechische Hausfrau ihr eigenes Rezept für *Fasoulada*. Fasoulada ist eine vollmundige, rustikale Suppe mit weißen Bohnen und Gemüse. Man kann hierfür alle möglichen weißen Bohnen verwenden, wie Cannellini, Augenbohnen, Mondbohnen oder Gartenbohnen. Sie können Fasoulada entweder als Vorspeise oder aber als volle Mahlzeit, angereichert mit Brot, Oliven und Käse, servieren. Für 6 Personen.

375 g weiße Bohnen Ihrer Wahl, über Nacht eingeweicht
½ TL gelbe Asafötida
275 g Tomaten, geschält und gehackt
100 g Karotten, fein gewürfelt
85 g klein gehackter Sellerie mit Blättern
2 EL Tomatenmark
15 g gehackte Petersilie

1–2 EL natives Olivenöl
¼ TL frisch gemahlener schwarzer Pfeffer
½ TL Zucker
1½ TL Salz
gehackte Petersilie zum Garnieren

Die eingeweichten Bohnen abgießen und gut durchspülen. Zusammen mit 2 l Wasser in einen 5-Liter-Topf geben und auf großer Flamme zum Kochen bringen.

Nun alle anderen Zutaten außer dem Salz und der Petersilie in den Topf geben. Alles noch einmal auf voller Hitze zum Kochen bringen, die Temperatur reduzieren und gut verschlossen für ca. 1 Stunde sieden lassen, bis die Bohnen gar sind.

Nun das Salz hineinrühren. Jede Suppenschale mit ein wenig Petersilie garnieren.

Warmer Gemüsesalat mit griechischem Öl- und Zitronendressing

Griechischer Oregano, *Rigani,* ist kräftiger und schärfer als italienischer Oregano. Das Wort Oregano leitet sich vom Griechischen ab und bedeutet „Glanz der Berge". Oregano war den Menschen der Antike wohlbekannt. Heute bedeckt es die griechischen Berghänge und verbreitet einen wunderbaren Duft. Getrockneter Rigani ist in internationalen Lebensmittelläden erhältlich. Für 4–6 Personen.

200 g gelber Patisson (flacher Gartenkürbis), in Keile oder kleine Stücke geschnitten
200 g grüne Bohnen, in Scheiben geschnitten
175 g Blumenkohl, in mittelgroße Röschen geschnitten
125 g Brokkoli, in mittelgroße Röschen geschnitten
175 g Zucchini, in Keile geschnitten
die Blätter von einem halben Büschel Mangold, in kochendem Wasser leicht blanchiert und abgetropft

Das Gemüse (bis auf den Mangold) kurz in leicht gesalzenem Wasser gar kochen. Dann den Mangold beigeben und blanchieren. Das gesamte Gemüse gut abtropfen lassen.

Das heiße Gemüse auf einer Lage aus leicht gedämpften Mangoldblättern auf einer Servierplatte anrichten.

Das Dressing (Rezept folgt) darübergießen und servieren.

Griechisches Öl- und Zitronendressing

60 ml Olivenöl
1½ EL Zitronensaft
2 TL griechischer Oregano oder 1 EL frische Oreganoblätter, gehackt
¼ TL gelbe Asafötida
¼ TL Salz
¼ TL frisch gemahlener schwarzer Pfeffer

Alle Zutaten in einen Behälter mit Schraubverschluss geben, zudrehen und gut schütteln. Alternativ in einer Schüssel gut umrühren.

Griechischer Auberginenauflauf (Moussaka)

In dieser vegetarischen Variante des bekannten griechischen Auflaufs werden die Auberginen zunächst gegrillt, dann zusammen mit einer Linsenzubereitung in einer Auflaufform aufgeschichtet, mit einer leckeren Käsesauce übergossen und gebacken. Wer möchte, kann die Auberginenscheiben auch frittieren, was den Auflauf natürlich reichhaltiger macht.

1,5 kg Auberginen, in dünne Scheiben geschnitten
Olivenöl

Für die Linsen

350 g ungekochte braune Linsen
1 EL Olivenöl
1 TL gelbe Asafötida
200 g Tomaten, geschält und gehackt

2 EL Tomatenmark
2 TL brauner Zucker
2 TL Salz
¼ TL schwarzer Pfeffer
2 EL gehackte Petersilie

Für die Käsesauce

50 g Butter
45 g Mehl
½ l Milch
knapp ¼ TL Muskatpulver
30 g geriebener vegetarischer Parmesan-ähnlicher Käse plus 2 EL zum Garnieren
½ TL Salz
¼ TL schwarzer Pfeffer

Zubereitung der Auberginen

Den Ofen auf Grill einstellen und auf höchster Stufe vorheizen. Ein Backblech einfetten und in den Ofen schieben. Das Backblech mit einer Schicht Auberginen belegen und die Oberfläche der Auberginen mit Öl bestreichen. Das Backblech in den Ofen schieben und die Auberginen 5–10 Minuten grillen, bis sie eine leicht goldene Färbung annehmen. Dann umwenden, die andere Seite mit Öl bestreichen und grillen, bis auch diese Seite eine leicht goldene Färbung annimmt und die Auberginen so weich sind, dass man sie mit einer Messerspitze leicht durchstoßen kann. Die Auberginen herausnehmen und auf einem Teller stapeln. Alle Auberginen auf diese Weise grillen. Alternativ die Auberginen braten oder frittieren.

Zubereitung der Linsen

Die ungekochten Linsen in einen 5-Liter-Topf mit 3 oder 4 l kochendem Wasser geben und den Herd auf volle Flamme stellen. Die Linsen zum Kochen bringen, die Flamme ein wenig niedriger stellen und die Linsen kochen, bis sie so weich sind, dass man sie mit Daumen und Zeigefinger zerdrücken kann. Den Topf vom Herd nehmen und den Inhalt durch ein Sieb gießen. Der Sud kann als Suppengrundlage verwendet werden.

Das Öl in einem Topf bei mittlerer Temperatur erhitzen. Wenn das Öl heiß ist, die Asafötida hineinstreuen und kurz anbraten. Die Tomaten dazugeben und bei erhöhter Hitze etwa 5 Minuten braten, bis die Tomaten weich sind und sich vom Öl trennen. Nun die gekochten, abgetropften Linsen, das Tomatenmark, den Zucker, das Salz, den Pfeffer und die Petersilie einrühren. Die Hitze verringern und die Mischung unter gelegentlichem Rühren etwa weitere 10 Minuten eindicken lassen.

Zubereitung der Käsesauce
Die Butter in einem 2-Liter-Topf bei niedriger Hitze schmelzen, das Mehl hineinrühren und ca. 2 Minuten anschwitzen, bis es leicht seine Farbe ändert. Die Milch hinzugeben, die Temperatur erhöhen und alles unter Rühren zum Kochen bringen. 1 Minute kochen lassen, dann die Sauce vom Feuer nehmen und Muskat, Käse, Salz und Pfeffer unterquirlen. Falls Sie die Sauce nicht sofort verwenden, sollten Sie sie mit gebuttertem Backpapier bedecken, damit sich oben keine Haut bildet.

Zubereitung der Moussaka
Eine Auflaufform (etwa 32 × 22 × 5 cm) einfetten, mit einem Drittel der Auberginen auslegen und diese mit der Hälfte der Linsen bedecken. Mit einer weiteren Schicht Auberginen belegen und auf diese die zweite Schicht Linsen geben. Darauf die dritte Schicht Auberginen legen. Die Käsesauce darauf verteilen und alles mit dem übrigen Käse bestreuen.

Den Auflauf bei 180° etwa 1 Stunde backen, bis die Sauce leicht goldbraun ist. Die Moussaka für 10 Minuten stehenlassen, in Quadrate schneiden und servieren.

Nuss-Honig-Schnitten (Baklava)

Baklava ist wahrscheinlich eine der bekanntesten Süßspeisen des Vorderen Orients. In seinen verschiedenen Variationen ist Baklava im gesamten Nahen Osten wie auch auf dem Balkan verbreitet. Beim vorliegenden Rezept werden hauchdünne eingefettete Blätterteigplatten (oder Filo-Teigblätter) mit Nüssen beschichtet und gebacken. Daraufhin werden sie mit einem Zucker-Honig-Sirup mit Orangenblüten- und Zitronengeschmack übergossen. Ergibt ca. 18 Schnitten.

Nussschnitten

450 g Blätterteig (ca. 30 Platten)
225 g Butter, zerlassen
250 g fein gehackte Walnüsse (alternativ Mandeln oder Pistazien oder eine Mischung der genannten Nüsse)
1 TL Zimt
50 g Zucker

Honigsirup

250 g Zucker
250 ml Wasser
2 EL Zitronensaft
75 g (60 ml) Honig
1 EL Orangenblütenwasser (erhältlich in orientalischen Lebensmittelläden)

Ein Backblech (ca. 30 × 20 cm) einfetten. Falls nötig, den Blätterteig auf die Größe der Backform zurechtschneiden.

Eine Platte Blätterteig auf den Boden der Backform legen und mit einem Backpinsel einfetten. Mit der Hälfte des Blätterteigs (ca. 15 Platten) ebenso verfahren.

Nüsse, Zimt und Zucker vermischen und auf die oberste Lage Blätterteig streuen. Die übrigen Lagen Blätterteig eingefettet darauflegen.

Das Gebäck vorsichtig mit einem scharfen Messer diagonal in Rauten schneiden. Dabei sollte das Messer alle Schichten durchtrennen.

Bei 180° ca. 45 Minuten backen, bis die Oberfläche knusprig golden aussieht.

Den Zucker, das Wasser und den Zitronensaft in einen Topf geben. Bei niedriger Hitze rühren, bis der Zucker sich auflöst, dann die Temperatur erhöhen und 5 Minuten kochen. Vom Herd nehmen, den Honig hinzugeben und umrühren, bis er sich auflöst. Dann das Orangenblütenwasser hineingießen.

Den heißen Sirup über das Baklava gießen und mindestens 2 Stunden stehenlassen. Den besten Geschmack erhält man, wenn man es über Nacht stehenlässt, damit der Sirup ganz aufgesogen werden kann.

Leicht bekömmliche Gaumenfreuden

Kreuzkümmelreis nach Moghul-Art (Jira Pulao)

Diese einfache, aromatische Reisspeise stammt aus der indischen Moghul-Küche. Sie wird mit ungemahlenem und gemahlenem Kreuzkümmel gewürzt und durch Nelken und Zimt zusätzlich aromatisiert. Der süße Geschmack von Rosinen in einem salzigen Gericht ist typisch für den moghulischen Geschmackssinn. Für 4–6 Personen.

700 ml Wasser
2 TL Salz
2 TL Ghee oder Öl
1 TL Kreuzkümmelsamen
6 ganze Nelken
1 Zimtstange (5 cm)
2 TL fein gehackter frischer Ingwer

½ TL gelbe Asafötida
2 TL gemahlener Kreuzkümmel
3 EL Rosinen
275 g Basmatireis
3 EL leicht gekochte frische Erbsen oder aufgetaute Tiefkühlerbsen

Das Wasser mit dem Salz in einem kleinen Topf bei mittlerer Hitze zum Kochen bringen. Gut verschließen und auf niedrige Hitze stellen.

Das Ghee bzw. Öl in einem größeren Topf bei mittlerer Temperatur erhitzen. Die Kreuzkümmelsamen, die Nelken und die Zimtstange hinzufügen und sautieren, bis der Kreuzkümmel ein wenig dunkler wird, dann den Ingwer hineinrühren. Wenn er sein Aroma entfaltet, die Asafötida, den Kreuzkümmel, die Rosinen und den Reis dazugeben. 1–2 Minuten rühren, bis der Reis glasig wird.

Das Wasser hineingießen, die Hitze erhöhen und den Reis voll aufkochen. Kurz rühren, dann die Hitze auf sehr niedrig stellen, gut verschließen und ca. 20 Minuten ohne Rühren sanft köcheln lassen, bis die Reiskörner weich sind.

Den Deckel abnehmen, die Erbsen beifügen und den Deckel schnell wieder schließen. Den Reis vom Herd nehmen und 5 Minuten stehenlassen. Vor dem Servieren die Zimtstange entnehmen und die Erbsen behutsam unterheben. Kochend heiß servieren.

Gemüse-Badi-Eintopf nach Vrindavan-Art

Badis sind sonnengetrocknete Kügelchen aus Hülsenfrüchten, durch die man den verschiedensten Gerichten eine besondere Geschmacksnote verleihen kann. Zur Herstellung werden getrocknete Hülsenfrüchte eingeweicht, abgetropft, feucht püriert, gewürzt, portioniert und an der Sonne getrocknet, bis die Kügelchen spröde werden. Badis halten sich jahrelang und werden als Einlage in saftigen Gerichten mitgekocht. Sie haben einen intensiven Geschmack und sind reich an fettfreien Proteinen. Fertige Badis (auch als Warian oder Wadis bekannt) sind in indischen Lebensmittelläden erhältlich. Sie machen sich auch gut in Pastasaucen und mexikanischen Chiligerichten.

1 EL Ghee oder Öl
250 ml Badis aus gelben Mungbohnen (wenn nötig, in 1,5 cm große Stücke brechen)
1½ EL geriebener frischer Ingwer
1 TL Kreuzkümmelsamen
4 mittelgroße Tomaten (ca. 300 g), geschält und gehackt
½ TL Kurkuma
¼ TL Cayennepfeffer
3 mittelgroße Kartoffeln (ca. 500 g), geschält und gewürfelt
1–1½ l Wasser
15 g frische Korianderblätter, gehackt
1 TL Salz
¼ TL schwarzer Pfeffer

Das Ghee bzw. Öl bei mittlerer Temperatur in einem schweren Topf erhitzen. Die Badis hinzufügen und etwa 2 Minuten sautieren, bis sie leicht anbräunen. Mit einem Schaumlöffel entnehmen und beiseite stellen.

In den noch heißen Topf das übrige Ghee bzw. Öl hineingeben und Ingwer und Kreuzkümmel 1–2 Minuten anbraten, bis der Kreuzkümmel ein wenig dunkler wird.

Die Tomaten, die Kurkuma und den Cayennepfeffer hineinrühren, unter gelegentlichem Rühren ca. 10 Minuten dünsten, bis die Tomaten breiig werden.

Die gebratenen Badis, die Kartoffeln, 1 l Wasser und die Hälfte der frischen Kräuter hinzugeben. Zum Kochen bringen, dann auf mittlere Hitze stellen, teilweise bedecken und 15–20 Minuten kochen, bis die Kartoffeln gar sind. Wenn nötig, mehr Wasser hinzugeben.

Nun die übrigen Kräuter, das Salz und den Pfeffer unterrühren und 5 Minuten stehenlassen. Heiß servieren.

Malaysischer Rojak-Salat (süßsauer und scharf)

Der chinesisch-malaysische Salat namens Rojak ist ein Beispiel für ein klassisches indonesisches Gericht (Rujak), das in verschiedenen Spielarten auch in anderen Ländern Fuß gefasst hat. Diese Variation betört die Sinne mit ihrer geschmacklichen Vielfalt: scharf, süß, sauer und salzig zugleich! Auch der Tastsinn kommt auf seine Kosten, denn hier ist die Bandbreite ähnlich umfassend: von sukkulent über glitschig, krautig, knackig und schwammig bis hin zu knusprig. Der Clou dabei ist, dass es tatsächlich so gut schmeckt, wie es sich anhört. Für 6 Personen.

½ große, reife, aber feste Ananas, in Keile geschnitten
1 große, grüne Mango, geschält, entkernt und in dünne Keile geschnitten
1 Chayote, geschält, in dünne Scheiben geschnitten und leicht gesalzen
1 kleine Wurzelknolle der Yambohne (Jicama), geschält und in Keile geschnitten
2 libanesische Gurken, in Keile geschnitten
100 g frisch gebratene Tofuwürfel
die Blätter von einem Büschel Wasserspinat (Kangkung) oder 1 Büschel Brunnenkresse
85 g geröstete Erdnüsse, grob gehackt

Sauce

2 EL Tamarindenmark, eingeweicht in 60 ml Wasser
2 EL Kecap Manis (süße Sojasauce)
2 TL Sambal Olek oder frisch gehackte Chilis
1 TL süße Chilisauce
1 EL Palmzucker, fein gemahlen

Alle Zutaten in eine Schüssel geben und verrühren, bis sich der Zucker auflöst. Das vorbereitete Obst und Gemüse, den Tofu und die Brunnenkresse auf einer Servierplatte oder in einzelnen Schälchen anrichten. Die Sauce darübertröpfeln und mit den gehackten Erdnüssen bestreuen. Natürlich kann auch jeder Tischgast sich selbst seine Sauce nehmen.

Gebackene Polentaschnitten mit pikantem Tomatenconcasse

Polenta ist ein feiner, gelber Maisgrieß, der zunächst zu einem dicken Brei gekocht, dann gekühlt und in Scheiben geschnitten wird. In diesem Gericht werden saftige Polenta-Käse-Schnitten mit einem pikanten Tomatenpüree bedeckt. Ein bunter Snack. Ergibt etwa 40 Schnitten.

1 l Wasser
1 TL Salz
200 g Polenta
100 g geriebener Parmesankäse
pikantes Tomatenconcasse (Rezept folgt)

Salz und Wasser kochen, den Polentagrieß beifügen und unter regelmäßigem Rühren bei niedriger Hitze 10 Minuten kochen, bis die Flüssigkeit aufgesogen ist. Vom Herd nehmen und den Käse einrühren.

Die Polenta in eine flache, eingefettete Backform (25 × 30 cm) heben und gleichmäßig darin verteilen, sodass die Schicht ca. 1 cm dick ist. Zum Abkühlen 10 Minuten stehenlassen.

Die Polenta im Ofen auf höchster Stufe backen, bis die Oberfläche knusprig und ein wenig golden ist. Herausnehmen, abkühlen lassen und in 4 cm große Quadrate schneiden.

Jede Polentaschnitte mit einem gehäuften EL pikantem Tomatenconcasse begießen und auf einem Tablett servieren.

Pikantes Tomatenconcasse

2 TL Olivenöl
1 TL geriebener frischer Ingwer
1 kleiner roter Chili, entkernt und gehackt
¼ TL gelbe Asafötida
400 g gehäuteteTomaten, gehackt
2 EL gehackte Kalamata-Oliven oder andere Oliven nach Wahl
1 EL gehackte Basilikumblätter
1 TL Zucker
½ TL Salz

Das Olivenöl in einem großen Topf mit schwerem Boden erhitzen, Ingwer und Chili dazugeben und bei geringer Hitze einige Minuten dünsten, bis die Oliven weich sind. Die Asafötida hineinstreuen und kurz mitbraten.

Die Tomaten hineinrühren, zum Kochen bringen, dann bei geringer Hitze unter gelegentlichem Rühren 5–10 Minuten köcheln lassen, bis sie an Volumen verlieren.

Die gehackten Oliven, das Basilikum sowie den Zucker und das Salz dazugeben und weitere 5–10 Minuten kochen, bis die Mischung ein dickflüssiges Püree ergibt. Vom Herd nehmen und mit den Käse-Polenta-Schnitten servieren.

Getoastetes Ciabatta mit syrischer Walnuss-Paprika-Paste

Im Nahen Osten sind unterschiedliche Variationen dieses köstlichen Dips namens *Muhammara* bekannt. Das vorliegende Rezept stammt aus Syrien. Seinen typisch sauren Geschmack verdankt das *Muhammara* dem Granatapfelsirup, einem dickflüssigen, fruchtigen Würzsaft, der in asiatischen Lebensmittelläden erhältlich ist. Ergibt ca. 350 ml.

2 große rote Paprikaschoten
1 kleiner scharfer roter Chili, gehackt
1 Scheibe Vollweizenbrot (ohne Kruste)
120 g geschälte Walnüsse
½ TL gelbe Asafötida
1½ EL Granatapfelsirup
der Saft einer halben Zitrone
½ TL Zucker
½ TL Salz
1–3 EL extra natives Olivenöl
1 EL glatte Petersilie
*getoastetes Ciabatta zum Servieren**
Frische Gemüsecrudites zum Servieren (nach Wunsch)

Die Paprikaschoten auf einem Grill (Ofen oder Holzkohlegrill) ca. 15 Minuten rösten, bis die Haut Blasen wirft und schwärzlich wird. In einer Plastiktüte verschließen und 5 Minuten stehenlassen, dann enthäuten.

Alle Zutaten außer Petersilie, Ciabatta und den Crudites zu einer dicken Creme pürieren.

Mit der Petersilie bestreuen und mit dem getoasteten Ciabatta und auf Wunsch mit Gemüsecrudites servieren.

* Brot selbst zu backen ist einfach und lohnt sich. Schauen Sie nach Rezepten für einen festeren Laib.

Delikate Fruchtmuffins mit Ahornsirup

Das Testerteam unserer Küche konnte es nicht glauben, als ich ihnen sagte, diese Muffins seien völlig frei von Milchprodukten und fast völlig fettfrei. Sie sind auch völlig eifrei, aber alles andere als geschmackfrei. Man muss sie probieren, um es glauben zu können. Ergibt 12 Muffins.

200 g entsteinte, halbgetrocknete Datteln, gehackt
120 ml Ahornsirup oder milder Honig
1 TL Natron (Backsoda)
die geriebene Schale und der Saft von 2 Orangen
3 grüne Äpfel, geschält, entkernt und gerieben
420 g Vollweizenmehl
1½ TL Backpulver
1 TL Zimt
140 g Sultaninen
50 g Walnüsse, gehackt
fettarmer Hüttenkäse, mit etwas Honig und Zimt vermischt, zum Servieren

Den Ofen auf 180° vorheizen.

Datteln, Ahornsirup bzw. Honig, Backsoda und 250 ml Wasser in einen

Topf geben und zum Kochen bringen. Auf kleiner Flamme 2 Minuten sieden lassen. Auf Zimmertemperatur abkühlen lassen.

Die übrigen Zutaten vermischen und in die Dattelmischung rühren. Gut vermischt in 12 beschichtete Muffinformen verteilen.

25–30 Minuten backen oder so lange, bis die Muffins einen goldenen Schimmer haben.

Warm oder auf Zimmertemperatur abgekühlt mit der Mischung aus Hüttenkäse, Honig und Zimt servieren.

Vegetarische Delikatessen aus aller Welt

Gauranga-Kartoffeln

Knusprige Frischkäsetaschen (Panir-Pakoras)

Mungbohnen, Reis und Gemüse (Khichari)

Koftas in Tomatensauce

Ballonbrot (Puri)

Gemischtes Gemüse in cremiger Karhisauce

Einfacher Thaireis

Gefülltes italienisches Fladenbrot (Focaccia)

Lasagne mit gegrilltem Gemüse und sonnengetrockneten Tomaten

Spinatrisotto

Pizza mit Tomaten und Mozzarella

Kirsch-Käsekuchen

Reispudding mit Safranaroma

Klassisches Rosenlassi

Gauranga-Kartoffeln

In Scheiben geschnittene Kartoffeln, mit Kräutern, Butter und saurer Sahne goldbraun gebacken: unwiderstehlich, reichhaltig und wohlschmeckend, doch fast ohne Aufwand herstellbar. Für 4–6 Personen.

8 mittelgroße Kartoffeln, geschält und in Scheiben geschnitten
1 EL Olivenöl
¾ TL gelbe Asafötida
½ TL Rosmarinpulver
¼ TL frisch gemahlener schwarzer Pfeffer
½ TL Kurkuma
500–700 ml fettarmer Sauerrahm
1 EL zerlassene Butter
2 TL Salz
125 ml Wasser
1 TL Rosenpaprika, edelsüß
2 EL gehackte frische Petersilie

Die Kartoffelscheiben in leicht gesalzenem Wasser in einem 4-Liter-Topf fast gar kochen (sie sollten noch etwas Festigkeit haben). Entnehmen und abtropfen lassen.

Das Olivenöl in einem mittelgroßen Topf bei mittlerer Temperatur erhitzen, Asafötida hinzugeben und anschwitzen. Rosmarin, Pfeffer und Kurkuma dazugeben und kurz rühren. Den Sauerrahm, die zerlassene Butter, das Salz und das Wasser hinzufügen. Zu einer homogenen Sauce schlagen und vom Herd nehmen.

Kartoffelscheiben und Sauerrahmsauce in einer Schüssel vermengen. Die Mischung in eine ofenfeste Form heben, mit Paprika bestreuen und in den auf 200° vorgeheizten Ofen auf die oberste Schiene stellen.

Etwa 30 Minuten backen, bis die Oberfläche goldbraun ist. Mit frischer Petersilie garnieren und heiß servieren.

Śrī Kṛṣṇa

In der Bhagavad-gītā (8.26) erklärt Śrī Kṛṣṇa seinem Freund Arjuna: „Wenn mir jemand mit Liebe und Hingabe ein Blatt, eine Blume, eine Frucht oder etwas Wasser darbringt, werde ich diese Opfergaben annehmen.“

RECHTS Israelische Kichererbsenkroketten (Falafel) (S. 93)

MITTE Gefülltes italienisches Fladenbrot (Focaccia) (S. 136)

UNTEN Pizza mit Tomaten und Mozzarella (S. 142)

OBEN Kräuterbrötchen (S. 99)

MITTE Indisches Fladenbrot (Chapati) (S. 82)

LINKS Knusprige Frischkäsetaschen (Panir-Pakoras) (S. 129)

OBEN LINKS Vietnamesischer Bohnensprossensalat (S. 74)

OBEN Türkischer Pilaw mit Korinthen und Pinienkernen (S. 87)

LINKS Mexikanischer Reis mit grünen Chilis (Arroz Verde) (S. 105)

UNTEN Gauranga-Kartoffeln (S. 128)

OBEN Malaysischer Rojak-Salat (süßsauer und scharf) (S. 122)

RECHTS Mungbohnen, Reis und Gemüse (Khichari) (S. 130)

UNTEN LINKS Griechischer Bohneneintopf (Fasoulada) (S. 112)

UNTEN RECHTS Scharfsaure Tom-Yum-Suppe (S. 71)

OBEN Lasagne mit gegrilltem Gemüse und sonnengetrockneten Tomaten (S. 138)

MITTE Curry-Pasteten mit Tamarindenchutney (S. 74)

UNTEN Gemüsegratin (S. 98)

OBEN Carobkuchen (S. 102)

MITTE Thailändischer Klebreis mit Mango (S. 76)

UNTEN LINKS Früchtekompott mit aromatischem syrischem Milchbrei (S. 95)

UNTEN RECHTS Grießhalava mit Walnüssen und Rosinen (S. 85)

LINKS Klassisches Rosenlassi (S. 146)

UNTEN LINKS Delikate Fruchtmuffins mit Ahornsirup (S. 125)

UNTEN RECHTS Kirsch-Käsekuchen (S. 144)

Knusprige Frischkäsetaschen (Panir-Pakoras)

Hausgemachter Frischkäse lässt sich einfach herstellen und ist eine unwiderstehliche Delikatesse, wenn man ihn in einem Teigmantel so frittiert, dass der Teig knusprig gebacken und der Käse cremig weich ist. Servieren Sie die Panir-Pakoras mit einem Stück Zitrone oder Limone und einem Löffel Tamarindenchutney (siehe Seite 74). Der Käse wird mithilfe eines schweren Gewichtes gepresst, wird geschnitten, während er noch heiß und leicht feucht ist, und wird dann sofort im Teig frittiert und heiß serviert. Sie können dieses Frittierverfahren auch für verschiedene Gemüsesorten anwenden, wie etwa Blumenkohlstücke, Kartoffelscheiben, Brokkoliröschen, Auberginenscheiben etc. (Um den Teig pikanter zu machen, können Sie eine oder mehrere der folgenden Zutaten hinzufügen: 1 TL gemahlener Kreuzkümmel, 2 TL gemahlener Koriander, ½–1 TL Chilipulver). Für 6–8 Personen.

Frischkäse (Panir) aus 2 l Milch (siehe Rezept auf Seite 69)
40 g Kichererbsenmehl
50 g Weizenmehl
¼ TL Backpulver
2 TL Salz
1 TL gelbe Asafötida
¼ TL Kurkuma
1½ TL grüne Chilis, gehackt
¼ l kaltes Wasser bzw. so viel wie nötig
Ghee oder Öl zum Frittieren

Das gesamte Mehl, das Backpulver, das Salz, die Gewürze und die Chilis in einer Schüssel verrühren und durch Hinzugabe von kaltem Wasser einen dickflüssigen Ausbackteig herstellen. 10 Minuten stehenlassen.

Das Gewicht vom Frischkäse nehmen und diesen, solange er noch heiß ist, in 1,5 cm große Würfel oder 3–4 cm lange Streifen schneiden.

Das Ghee bzw. Öl in einem Wok oder einer tiefen Pfanne erhitzen, bis es genügend heiß zum Frittieren ist (180°).

6 oder 7 Stücke Käse in den Teig tunken und vorsichtig in das heiße Fett geben. Da sich die Temperatur dadurch senken wird, sollte die Hitze

jetzt erhöht werden. Die Pakoras gelegentlich wenden und frittieren, bis sie rundherum goldbraun sind (4–5 Minuten).

Die Pakoras mit einer Schaumkelle entnehmen und in einem mit Papiertüchern ausgelegten Sieb abtropfen lassen. Mit allen Pakoras so verfahren und heiß servieren.

Mungbohnen, Reis und Gemüse (Khichari)

Khichari (sprich: Kitschri) ist ein wichtiges Gericht für Vegetarier. Dieser delikate, saftige Eintopf aus Mungbohnen, Reis und Gemüse ist ebenso nahrhaft wie aufbauend. Er kann zu jeder Tageszeit serviert werden, am besten mit Joghurt, Vollweizentoast, Zitronen- oder Limettenstücken und (auf Wunsch) mit einem kleinen Schuss flüssigem Ghee beträufelt. Eine wahre Wonne! Für 4–6 Personen.

100 g halbierte Mungbohnen (Mung-Dhal), gewaschen und abgetropft
1½ l Wasser
1 Lorbeerblatt
1 daumengroßes Stück Ingwer, fein zerhackt
1 kleiner grüner Chili, entkernt und gehackt
½ TL Kurkuma
2 TL gemahlener Koriander
175 g Basmatireis oder ein anderer langkörniger Reis
70 g Brokkoli, 175 g Kartoffelwürfel, 175 g geviertelte Rosenkohlröschen (oder andere Gemüsesorten)
2 reife Tomaten, gehackt
1½ TL Salz
3 TL Ghee oder Öl
2 TL Kreuzkümmelsamen
1 kleine Handvoll Curryblätter
½ TL gelbe Asafötida
½ Bund frische Korianderblätter
Zitronenkeile, etwas gekühlter Joghurt und ein wenig Ghee (falls gewünscht) zum Servieren

Die Mungbohnen, das Wasser, das Lorbeerblatt, den Ingwer, den Chili, die Kurkuma und den Koriander in einem Topf zum Kochen bringen und teilweise bedeckt etwa 15 Minuten köcheln lassen, bis die Bohnen zu zerfallen beginnen.

Reis, Gemüse, Tomaten und Salz hinzufügen, die Hitze erhöhen und unter Rühren zum Kochen bringen. Dann wieder auf Siedepunkt reduzieren und bedecken.

Das Ghee in einem kleinen Topf bei mittlerer Temperatur erhitzen. Die Kreuzkümmelsamen hineinstreuen und anbraten, bis sie dunkel werden, dann die Curryblätter dazugeben. Asafötida dazustreuen, die Pfanne schwenken und die sautierten Gewürze in das Khichari geben. Die Gewürze gut unterrühren, dann das Khichari weitere 5 Minuten köcheln lassen, bis der Reis ganz weich und aufgequollen ist. Falls Sie ein flüssiges Khichari wünschen, können Sie jetzt etwas kochendes Wasser dazugeben.

Mit frischem Koriander bestreuen und das Khichari kochend heiß mit den oben beschriebenen Beilagen und auf Wunsch mit etwas warmem Ghee beträufelt servieren.

Koftas in Tomatensauce

Koftas sind saftige Gemüsebälle nach indischer Art, die in Sauce eingeweicht serviert werden. Eine Reihe von Gemüsesorten ist dafür besonders geeignet. Kartoffeln, Weißkohl, Blumenkohl, Spinat und Rettich gelten als die beliebtesten. Ergibt 24 Koftas.

Sauce

2 TL Olivenöl
2 TL Butter (nach Wunsch)
2 Lorbeerblätter
½ TL gelbe Asafötida
1 l Tomatenpüree
1 TL Basilikumpulver

2 TL Salz
¼ TL frisch gemahlener schwarzer Pfeffer
1½ TL Zucker

Koftas

350 g Blumenkohl, geraspelt
200 g Weißkohl, geraspelt
180 g Kichererbsenmehl
1½ TL gelbe Asafötida
1 TL gemahlener Kreuzkümmel
1½ Salz
1 TL Garam Masala
½ TL Cayennepfeffer
Ghee oder Öl zum Frittieren

Zubereitung der Sauce

Das Öl und (auf Wunsch) die Butter zusammen in einem Topf bei mittlerer Temperatur erhitzen. Wenn das Fett heiß ist, die Lorbeerblätter hineingeben und 1 Minute anbraten, bis sie duften. Asafötida dazugeben und kurz anschwitzen.

Das Tomatenpüree und das Basilikumpulver hineinrühren. Die Hitze erhöhen, zum Kochen bringen, dann wieder reduzieren und ungefähr 10 Minuten köcheln lassen, bis die Mischung etwas eindickt.

Salz, Pfeffer und Zucker hinzugeben, den Topf von der Flamme nehmen und warmstellen.

Zubereitung der Koftas

Alle Zutaten in eine Schüssel geben und gut vermischen. Aus der Mischung 24 Bälle formen. Das Ghee bzw. Öl in einem Wok oder einer tiefen Pfanne auf recht hohe Temperatur (180°) bringen. 6–8 Koftas behutsam hineingeben.

Die Koftas 2–3 Minuten frittieren, bis sie an die Oberfläche steigen und sich ihre Farbe ändert. Die Hitze reduzieren und weitere 8–10 Minuten frittieren, bis sie eine tief rotbraune Farbe bekommen. Herausnehmen und auf Papiertüchern abtropfen lassen. Das Öl wieder auf die anfängliche Temperatur bringen und mit den übrigen Koftas ebenso verfahren.

Vor dem Servieren alle Koftas in der heißen Sauce 10 Minuten einweichen lassen, sodass sie sich vollsaugen. Auf dampfendem Reis oder Couscous serviert, ergeben sie ein wunderbares Hauptgericht. Sie können auch als Beilage zu anderen Gerichten dienen.

Ballonbrot (Puri)

Puris sind traditionelle indische frittierte Vollweizenfladen, wobei die Zutaten variabel sind. Nimmt man zur Hälfte Vollweizenmehl oder Atta und zur Hälfte Weißmehl, werden die Puris ein wenig heller. Wenn Sie gut im Ausrollen sind, können Sie aber auch reines Weißmehl nehmen und die Puris hauchdünn ausrollen.

Traditionell werden Puris heiß gegessen, aber kalte Puris eignen sich gut als Snack auf Reisen, für ein Picknick etc. Man kann sie zu jeder Tageszeit und zu jeder Speise servieren. Ergibt 16 mittelgroße Puris.

280 g gesiebtes Chapatimehl (Atta)
oder 140 g Vollweizenmehl und 140 g Weißmehl
½ TL Salz
2 EL Ghee, zerlassene Butter oder Öl
160 ml Wasser oder nach Bedarf
Ghee oder Öl zum Frittieren

Das Mehl und das Salz in eine Rührschüssel geben. Die Butter bzw. das Ghee oder Öl mit den Fingerspitzen einarbeiten, bis der Teig groben Brotkrumen ähnelt. Langsam bis zu 160 ml Wasser hineinkneten, bis der Teig glatt, aber nicht klebrig ist. Den Teig auf eine saubere Arbeitsfläche legen.

Weitere 5–8 Minuten kneten, bis der Teig weich und geschmeidig ist. Mit einer umgedrehten Schale bedecken und ½ bis 3 Stunden gehen lassen.

Den Teig erneut 1 Minute kneten. Dann in 16 Stücke teilen, jedes Stück zu einem glatten Ball rollen. Anschließend die Bälle mit einem feuchten Tuch bedecken.

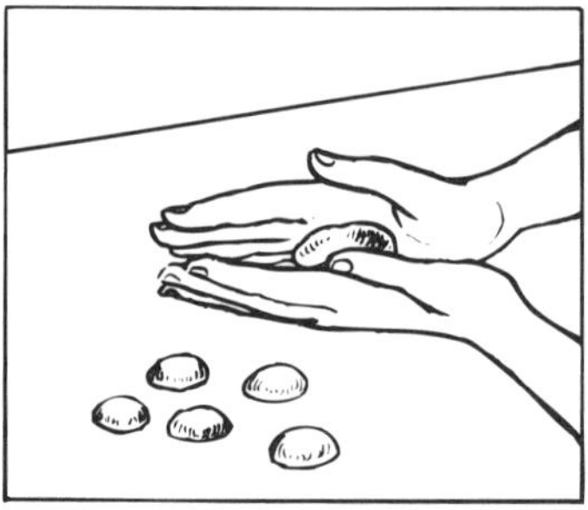

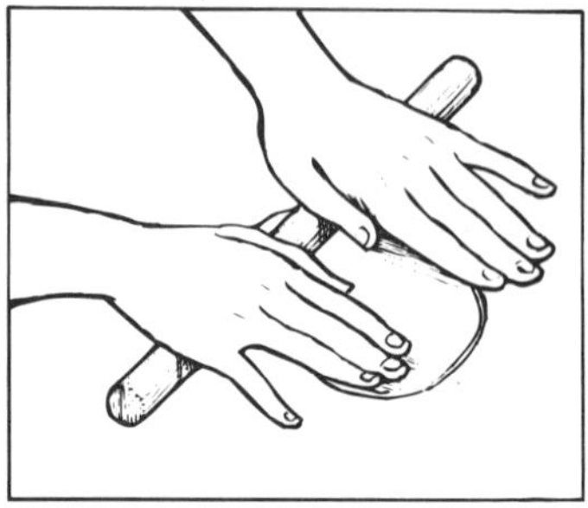

Das Ghee bzw. Öl in einem Wok oder einer tiefen Pfanne auf kleiner Flamme vorheizen. In der Zwischenzeit die Teigbälle mit einem Nudelholz kreisförmig (∅ 11–12 cm) ausrollen. Die Temperatur des Öls bzw. Ghees auf 185° erhöhen.

Einen ausgerollten Puri in das heiße Fett gleiten lassen, dabei darauf achten, dass er sich nicht faltet. Er wird zuerst auf den Boden sinken und dann gleich an die Oberfläche steigen. Mit einer Schaumkelle unter die Oberfläche tauchen, bis er sich wie ein Ballon aufbläht. Zu einer goldenen Farbe bräunen lassen, wenden und die andere Seite ebenso bräunen. Den Puri mit der Schaumkelle entnehmen und vorsichtig in einem Durchschlag oder einem großen Sieb abtropfen lassen.

Mit allen Puris auf diese Weise verfahren. Wenn möglich, sofort servieren oder in einem mäßig vorgeheizten Ofen bis zu 2 Stunden aufbewahren.

Gemischtes Gemüse in cremiger Karhisauce

Karhis sind cremige Joghurtgerichte, die mit Reis serviert werden. Joghurt oder Buttermilch wird zusammen mit Kichererbsenmehl verrührt und zu einer cremigen Sauce geschlagen. *Karhi* ist ein erstklassiger vegetarischer Proteinlieferant und dabei leicht bekömmlich und gesund. Was will man noch mehr? Für 6 Personen.

200 g Karotten, geschält und in Stücke geschnitten
200 g grüne Bohnen, in kleine Stücke geschnitten
175 g kleine Blumenkohlröschen
200 g grüne Erbsen
½ l Naturjoghurt
60 g Kichererbsenmehl (Besan)
0,6 l Wasser
1 TL Chilipulver
½ TL Kurkuma
1 TL gemahlener Koriander
2 TL Ghee oder Öl
1 TL braune Senfkörner
1½ TL Kreuzkümmelsamen
1 TL gelbe Asafötida
1½ TL Salz
2 EL frische Korianderblätter, gehackt

Das gesamte Gemüse gar dämpfen, abtropfen lassen, bedecken und beiseite stellen.

Den Joghurt mit dem Kichererbsenmehl gut verrühren. Wasser, Chilipulver, Kurkuma und Koriander hinzufügen und nochmals verrühren.

Das Ghee bzw. Öl in einem mittleren Topf bei mittlerer Temperatur erhitzen. Die Senfkörner hineinstreuen und anbraten, bis sie knistern, dann den Kreuzkümmel dazugeben und sautieren. Die Asafötida dazugeben und anschwitzen.

Die Joghurtmischung hineingießen, umrühren und zum Kochen bringen. Die Hitze reduzieren und unter gelegentlichem Rühren 10 Minuten sieden lassen.

Das gedämpfte Gemüse, das Salz und den gehackten Koriander hineinrühren. Mit Reis heiß servieren.

Einfacher Thaireis

Thailändischer Jasminreis ist ein aromatischer Langkornreis. Servieren Sie ihn als Beilage zu einem beliebigen chinesischen oder südostasiatischen Gemüsegericht. Für 3–4 Personen.

300 g Thaireis
0,6 l Wasser
Salz (nach Wunsch)

Das Wasser (und auf Wunsch das Salz) in einem 2-Liter-Topf bei mittlerer Hitze zum Kochen bringen.

Den Reis hinzugeben, die Temperatur erhöhen und das Wasser nochmals zum Kochen bringen. Dann die Temperatur reduzieren und den Reis gut verschlossen sanft köcheln lassen. Nach etwa 15 Minuten vom Herd nehmen und vor dem Servieren bedeckt 5 Minuten stehenlassen. Heiß servieren.

Gefülltes italienisches Fladenbrot (Focaccia)

Focaccia ist ein italienisches Nationalgericht geworden, das man in vielen regionalen Variationen finden kann. Dieses Rezept ist wahrscheinlich eine Kreuzung aus der ländlichen Küche der Region um Perugia, deren Brote mit Zutaten der Schäferkultur angereichert sind – Tomaten, Kräuter und Öl –, und südlichen Variationen, in denen zusätzlich Käse verwendet wird. Die vorliegende Focaccia ist groß und dick (weshalb das Wort Fladenbrot eigentlich kaum noch angemessen ist), gefüllt mit einer Vielzahl köstlicher, würziger und saftiger Zutaten, bei denen einem das Wasser im Munde zusammenläuft. Servieren Sie Focaccia gleich heiß aus dem Ofen. Ergibt einen dicken Fladen von 25 cm Durchmesser.

Teig

3 TL Trockenhefe
¼ l warmes Wasser
½ TL Zucker
400 g ungebleichtes Weißmehl
1 TL gelbe Asafötida
½ TL Salz
4 EL Olivenöl

Füllung

220 g geriebener Hartkäse
220 g geriebener Mozzarella
50 g frisch geriebener vegetarischer Parmesan-ähnlicher Käse
60–90 g halbierte oder gehackte Kalamata-Oliven
75 g in Öl eingelegte, getrocknete Tomaten, grob gehackt
40 g frische Basilikumblätter, gehackt
1–2 EL Einlegeöl der getrockneten Tomaten
½ TL frisch gemahlener schwarzer Pfeffer

Belag

ein wenig Olivenöl zum Bestreichen des Brots
Basilikumpulver zum Bestreuen
grobes Meersalz (nach Wunsch)

Die getrocknete Hefe in 60 ml warmes Wasser rühren. Den Zucker dazugeben und etwa 10 Minuten an einem warmen Platz stehenlassen, bis die Hefe aufschäumt.

Mehl, Asafötida und Salz in eine große Schüssel sieben. Die Hefe, das Olivenöl und das übrige Wasser dazugeben und gut vermengen.

Auf einer mit Mehl bestreuten Fläche 8–10 Minuten lang kneten, bis der Teig samtweich ist. Den Teig in eine leicht geölte Schüssel geben und diese mit einer Frischhaltefolie bedecken. Den Teig an einem warmen, zugfreien Platz ca. 45 Minuten gehen lassen, bis er doppelt so groß geworden ist. Auf eine leicht mit Mehl bestreute Fläche legen, kurz kneten und in zwei gleiche Portionen teilen. Eine Portion kreisförmig ausrollen (∅ 25 cm) und auf ein geöltes Backpapier legen.

Die Hälfte des Käses so daraufstreuen, dass ein 1,25 cm großer Rand frei bleibt. Den Käse gleichmäßig mit Oliven, getrockneten Tomaten und Basilikum bedecken. Mit dem Einlegeöl der getrockneten Tomaten besprenkeln und mit dem Pfeffer bestreuen, dann mit dem restlichen Käse bedecken. Den äußeren Rand mit Wasser anfeuchten.

Den Ofen auf 220° vorheizen.

Den restlichen Teig auf exakt die gleiche Größe ausrollen und die untere Hälfte sorgfältig damit bedecken. Die Füllung mit dem Teig umschließen und so versiegeln, sodass sie nirgendwo mehr sichtbar ist. Die Oberfläche der Focaccia mit Olivenöl bestreichen und mit Basilikum und (wenn gewünscht) mit Meersalz bestreuen. Die Focaccia in die Mitte des Ofens legen.

Ungefähr 30 Minuten backen, bis die Oberfläche goldbraun ist. Herausnehmen und vorsichtig auf ein Gestell zum Abkühlen legen oder in Stücke schneiden und sofort servieren.

Anmerkung
Alternativ können Sie folgende Füllungen ausprobieren: 150–250 g gegrillte oder gebratene dünne Zucchinischeiben, 150–250 g gedämpfter oder gebratener zarter Spargel, 150–250 g Paprikastreifen, 100–200 g gegrillte oder angebratene Auberginenscheiben, 4–8 eingelegte Artischockenherzen.

Lasagne mit gegrilltem Gemüse und sonnengetrockneten Tomaten

Ich ließ meiner Phantasie freien Lauf, als ich diese vielfach geschichtete Lasagne zusammenstellte. Sie können die Gemüsesorten in einigen Schichten durch andere ersetzen, wie etwa durch dünne gegrillte Scheiben Kürbis oder Zucchini. Benutzen Sie für dieses Rezept eine ofenfeste Form von etwa 25 × 35 × 8 cm.

Gemüse

1 große Aubergine, in dünne Scheiben geschnitten und gegrillt
3 große rote Paprikaschoten, der Länge nach in Viertel geschnitten, geputzt und gegrillt
120 g gewaschener und entstielter Blattspinat
65 g sonnengetrocknete Tomaten, in Streifen geschnitten

Tomatensauce

60 ml Olivenöl
½ TL gelbe Asafötida
60 g frisches Basilikum, gehackt
2 TL getrockneter Oregano
1½ l Tomatenpüree
1 TL Salz
¼ TL schwarzer Pfeffer
1 TL Rohrohrzucker oder brauner Zucker
2 EL Tomatenmark

Béchamelsauce

125 g Butter
¼ TL Muskat
¼ TL schwarzer Pfeffer
75 g Weizenmehl
1 l warme Milch

Käse

350 g geriebener Hartkäse
220 g geriebener Mozzarella
50 g geriebener vegetarischer Parmesan-ähnlicher Käse plus 3 EL als Reserve

Pasta

500 g gebrauchsfertige Lasagnenudeln (ohne Vorkochen)

Zubereitung der Tomatensauce

Das Olivenöl in einen großen, schweren Topf geben und auf mittlere Hitze stellen. Sobald das Öl heiß ist, Asafötida hineinstreuen, kurz anschwitzen, dann Basilikum und Oregano dazugeben und 30 Sekunden angehen lassen. Das Tomatenpüree dazugießen, verrühren und zum Kochen bringen. Salz, Pfeffer, Zucker und Tomatenmark hinzugeben und die Hitze leicht reduzieren. Unbedeckt unter häufigem Rühren 10–15 Minuten kochen, bis sich die Menge reduziert und die Sauce etwas dickflüssiger wird.

Zubereitung der Béchamelsauce

Die Butter in einem 2-Liter-Topf bei geringer Hitze zerlassen. Muskat, Pfeffer und Mehl dazugeben und unter ständigem Rühren ca. 30 Sekunden anschwitzen, bis die Mischung locker wird. Den Topf von der Flamme nehmen, nach und nach die warme Milch dazugießen und mit einem Schneebesen unterrühren, bis sich alles zu einer homogenen Sauce verbunden hat. Den Topf wieder auf den Herd stellen und bei mittlerer Hitze unter Rühren zum Kochen bringen. Die Temperatur etwas reduzieren und unter ständigem Rühren 5 Minuten köcheln lassen, bis die Sauce eine cremeartige Konsistenz annimmt.

Zubereitung der Lasagne

Alle drei Käsesorten (außer der Extraportion Parmesan) vermischen. Den Käse in 2 Portionen, die Tomatensauce in 3 Portionen, die Béchamelsauce in 4 Portionen und die Pasta in 5 Portionen teilen.

Eine Portion der Tomatensauce auf den Boden der ofenfesten Form streichen. Mit einer Schicht Lasagnenudeln bedecken. Die Auberginen darauf ausbreiten, mit Béchamelsauce begießen und mit einer weiteren Schicht Nudeln bedecken. Hierauf die Hälfte des Käses streuen.

Wie folgt weiter belegen: eine Portion Tomatensauce, getrocknete Tomaten, Paprikascheiben, Pasta, Béchamelsauce, Pasta, den übrigen Käse, Spinatblätter, die übrige Tomatensauce, die letzte Pastaschicht und die restliche (doppelte) Portion Béchamelsauce (diese Schicht Béchamelsauce sollte dickflüssiger als die erste sein). Zum Schluss die Extraportion Parmesan darauf verteilen.

Die Lasagne in der oberen Hälfte eines auf 200° vorgeheizten Ofens 45–60 Minuten backen, bis die Oberfläche leicht golden gefärbt ist und die Pasta einer Messerspitze keinen Widerstand mehr leistet. Falls sie dies tut, obwohl die Oberfläche bereits dunkel ist, die Lasagne für die letzten 15 Minuten des Backens mit Alufolie bedecken. Wenn sie fertig ist, mindestens 30 Minuten bei halb offener Tür im Ofen stehenlassen. Je nach Erfordernis schneiden und servieren.

Spinatrisotto

Risotto gehört zu meinen Lieblingsreisgerichten. Ich mag das feste, leicht klebrige Gefühl in meinem Mund und das herrlich satte Butteraroma. Der Spinat verleiht dem Risotto eine besondere optische wie auch geschmackliche Note. Für 6 Personen.

1½–1¾ l leichte Gemüsebrühe
250 g Spinatblätter
2 EL Butter oder Olivenöl
½ TL gelbe Asafötida
350 g Arborio-Reis
1 TL Salz
1 große Prise Muskat
100 g frisch geriebener vegetarischer Parmesan-ähnlicher Käse
3 EL extra vegetarischer Parmesan-ähnlicher Käse zum Bestreuen

Die Gemüsebrühe in einem mittleren Topf auf großer Flamme zum Kochen bringen. Den Spinat hinzufügen und 1 Minute blanchieren. Die Temperatur reduzieren und den Spinat mit einem Schaumlöffel entnehmen. Die Flüssigkeit aus dem Spinat pressen und zurück in die siedende Brühe geben.

Den Spinat fein hacken und beiseite stellen.

2 EL Butter in einem großen, schweren Topf bei niedriger Hitze zergehen lassen. Asafötida beifügen und anschwitzen.

Den Reis in die würzige Butter geben und 1–2 Minuten rühren.

Nun 1 Kelle (⅛ Liter) der siedenden Brühe beifügen und den Reis in der Brühe sanft umrühren. Wenn die Brühe aufgesogen ist, noch 1 Kelle dazugeben. Wenn die Hälfte der Brühe aufgebraucht ist, den Spinat in den Reis geben. Weiterhin Brühe hinzufügen und den Reis weiterhin sanft umrühren, bis die gesamte Brühe aufgebraucht ist. Der Reis sollte weder zu feucht noch zu trocken sein.

Salz, Muskat, die übrige Butter und den Parmesan in den Reis geben und durchrühren.

Zum Garnieren den Risotto mit der Extraportion Parmesan bestreuen.

Pizza mit Tomaten und Mozzarella

Eine knusprige Pizza mit pikanter Tomatensauce, belegt mit schwarzen Oliven, Paprika und goldgelbem, schmelzzartem Mozzarella – hmm! Wenn Sie den Belag vorbereiten, während der Teig geht, sparen Sie einiges an Zeit. Ergibt eine Pizza von ∅ 25 cm.

Boden

3 TL frische Hefe
½ TL Zucker
¼ l lauwarmes Wasser
200 g Weizenmehl
¼ TL Salz
2 EL Olivenöl

Tomatensauce

2 TL Olivenöl
¼ TL gelbe Asafötida
400 g ganze Tomaten aus der Dose, gehackt, mit Flüssigkeit; oder 400 g frisches Tomatenpüree
1 EL Tomatenmark
½ TL getrockneter Oregano
½ TL getrocknetes Basilikum
1 TL Zucker
1 TL Salz
¼ TL frisch gemahlener schwarzer Pfeffer

Belag

90 g geriebener Mozzarella

2 EL geriebener vegetarischer Parmesan-ähnlicher Käse
125 g Aubergine, in dünne Streifen geschnitten, goldbraun gebraten und gesalzen
1 kleine rote Paprikaschote, gewürfelt
30 g schwarze Oliven, entsteint und halbiert

Die Hefe mit dem Zucker in eine Schüssel geben, das lauwarme Wasser dazugießen, leicht verquirlen und etwa 10 Minuten stehenlassen, bis sich an der Oberfläche Blasen bilden.

Mehl und Salz in eine zweite Schüssel sieben, in der Mitte ein Loch formen und das Öl sowie die Hefemischung hineingießen. Alles zu einem festen Teig verarbeiten. Den Teig auf eine mit Mehl bestreute Arbeitsfläche legen und ca. 10 Minuten durchkneten, dann in eine leicht geölte Schüssel legen, bedecken und an einem warmen Platz etwa 30 Minuten gehen lassen, bis er doppelt so groß geworden ist.

Den Teig mit der Faust schlagen, um die Luftblasen herauszudrücken, und mit einem Nudelholz kreisförmig ausrollen (∅ 25 cm). Auf eine entsprechend große Pizzapfanne oder auf ein eingefettetes Backblech legen.

Zubereitung der Füllung: Das Olivenöl in einer großen Pfanne bei mittlerer Temperatur erhitzen. Wenn es heiß ist, Asafötida dazugeben und kurz anschwitzen. Das Tomatenpüree bzw. die Dosentomaten, Tomatenmark, Oregano, Basilikum, Zucker, Salz und Pfeffer hinzufügen. Die Sauce zum Kochen bringen, dann die Hitze reduzieren und unter gelegentlichem Rühren unbedeckt 10–15 Minuten köcheln lassen, bis die Sauce dickflüssig ist. Etwas abkühlen lassen.

Die Tomatensauce auf den Pizzaboden streichen, dabei den Rand unbedeckt lassen. Die Hälfte des geriebenen Mozzarella mit dem Parmesan vermischen und über den Tomatenbelag streuen. Nun mit den Auberginenstreifen, den Paprikastückchen und den Oliven belegen. Den übrigen Käse darauf verteilen.

In einem auf 220° vorgeheizten Ofen 15–20 Minuten backen, bis die Kruste goldbraun ist.

Heiß servieren.

Kirsch-Käsekuchen

Dieser delikate und stattliche Käsekuchen erfordert kein Backen. Er besteht aus einem Bisquit-Krümel-Boden und einer Füllung aus Frischkäse mit Sauerkirschen. Ergibt einen Käsekuchen von ∅ 20 cm.

*180 g einfache, gesüßte Kekse**
100 g (5 EL) Butter, in Flöckchen
1 TL Bittermandelöl (nach Wunsch)
400 g gesüßte Kondensmilch
120 ml frisch gepresster Zitronensaft
1 TL reines Vanilleöl
250 g Frischkäse, gehackt
1 EL Maismehl (Maisstärke)
200 g Sauerkirschen aus dem Glas, gut abgetropft
50 g Sauerkirschen aus dem Glas, plus 60 ml Kirschsaft für den Belag

Zubereitung des Bodens
Die Kekse in einem Mixer fein zermahlen. Butter und Bittermandelextrakt (falls verwendet) dazugeben und gut durchmixen. Die Mischung entnehmen und gleichmäßig auf dem Boden und an den geriffelten Seitenwänden einer eingefetteten Quicheform (∅ 20 cm) verteilen.

Zubereitung der Füllung
Kondensmilch, Zitronensaft, Vanille und Frischkäse in den Mixer geben und zu einer glatten Masse verarbeiten. Die Mischung in eine Schüssel geben. Den abgetropften Teil der Sauerkirschen beifügen und die gesamte Mischung auf den Boden streichen.

Zubereitung des Belags
Das Maismehl (Maistärke) mit einigen EL Kirschsaft zusammengeben und daraus eine dickflüssige Masse herstellen. Mit der übrigen Flüssig-

* Wenn Sie die Kekse für den Tortenboden selber backen, können Sie interessante Geschmacksrichtungen erzielen, zum Beispiel, indem Sie dem Keksteig gemahlene Mandeln oder Pekannüsse beimengen.

keit und den übrigen Kirschen in einen kleinen Topf geben und unter Rühren bei mittlerer Hitze zum Kochen bringen. Sobald die Mischung andickt, schnell über die Kuchenfüllung gießen und verstreichen.

Vor dem Entnehmen aus der Form den Käsekuchen mindestens 3 Stunden, am besten aber bis zum nächsten Tag, kaltstellen.

(Um Zeit zu sparen, den Käsekuchen vor Aufgießen des Kirschbelags 10 Minuten in einen auf 175° vorgewärmten Ofen stellen. Entnehmen, den Kirschbelag aufstreichen und 2 Stunden kaltstellen.)

Reispudding mit Safranaroma

Diese indische Süßspeise nennt sich *Chaval Kshira. Kshira* ist das Sanskritwort für Kondensmilch. In Nordindien wird diese Süßspeise *Khir* genannt, und regionale Variationen kennt man als *Payasa* oder *Payesh*. Wenn man Milch langsam mit Reis kondensiert, kommt ein cremiges Dessert dabei heraus, das man auch einfach „Sweetreis" nennt. Für 4–5 Personen.

100 g Milchreis
1 große Prise Safranfäden
1¾ l frische Vollmilch
170 g Zucker

Den Milchreis waschen und abtropfen lassen. Die Milch in einen schweren 5–6-Liter-Topf geben. Die Safranfäden hineinstreuen. Die Milch bei mittlerer Hitze unter ständigem Rühren (mit einem Holzlöffel) zum Kochen bringen. Die Hitze reduzieren, den Reis dazugeben und unter sorgfältigem Rühren 25–30 Minuten kochen.

Die Flamme auf niedrig stellen und die Milch weitere 10–15 Minuten köcheln lassen, dabei weiterhin mit geschmeidigen, fegenden Bewegung umrühren. Sobald der Reis cremig wird und ein wenig andickt, den Topf vom Herd nehmen. Den Zucker hineinrühren und gut vermengen. Dann den Sweetreis abkühlen lassen und warm servieren. Alternativ mindestens 3 Stunden kaltstellen und kühl servieren.

Anmerkung: Sollte der Sweetreis nach dem Abkühlen zu sehr eindicken, zur Verdünnung einfach etwas kalte Milch oder leichte Sahne dazugeben.

Klassisches Rosenlassi

Lassi habe ich zum ersten Mal 1978 in Neu-Delhi an einem staubigen, heißen Tag gekostet. Ich ging mit einem Freund in ein winziges Geschäft irgendwo am Chandni Chowk Bazaar. In dem Moment, als dieses eiskalte, schaumige, nach Rosen duftende Joghurtgetränk unsere Lippen berührte, fühlten wir uns in den siebten Kühlhimmel versetzt. Für 4 Personen.

600 ml Naturjoghurt
110 g feiner Zucker
2 TL reines destilliertes Rosenwasser (ich bevorzuge libanesisches)
200 ml eiskaltes Wasser
2 Handvoll zerstoßene Eiswürfel
einige Rosenblätter zum Garnieren (nach Wunsch)

Joghurt, Zucker, Rosenwasser und Wasser 2 Minuten in einem Mixer verarbeiten. Dann das Eis hinzugeben und weitere 2 Minuten mixen.

In großen, gekühlten Gläsern mit Rosenblättern garniert servieren.

Glossar der Zutaten

Asafötida Ein aromatisches Harz, auch *Hing* genannt, das beim Kochen Zwiebeln und Knoblauch ersetzt. Asafötida wird als Pulver in kleinen Mengen in mäßig heißem Öl oder Ghee angeschwitzt, bevor man salzige Gerichte damit würzt. Ich empfehle das gelbe Pulver der Marke Vandevi anstelle der grauen Alternative. Alle Rezepte in diesem Buch sind mit Vandevi Asafötida zubereitet worden. Falls Sie eine andere Marke verwenden, reduzieren Sie die Menge um ein Viertel bis die Hälfte der vorgeschlagenen Maßangabe. Asafötida ist in indischen und asiatischen Lebensmittelläden erhältlich.

Basmatireis Ein leichter, aromatischer Langkornreis aus Nordindien und Pakistan mit wunderbarem Duft und Geschmack. Meiner Meinung nach ist Dehradun-Basmati die beste Sorte. Basmatireis ist in indischen und asiatischen Lebensmittelläden sowie in vielen Supermärkten erhältlich.

Bulgur wird gewonnen, indem man ganze Weizenkörner vorkocht, trocknet und dann in unterschiedliche Größen zerkleinert. Bulgur hat einen angenehm nussigen Geschmack und ist reich an Proteinen, Kalzium, Phosphor und Eisen. Bulgur ist in Reformhäusern und in Feinkostabteilungen einiger Supermärkte erhältlich.

Cayennepfeffer Dieses orangerote bis tiefrote Pulver wird aus kleinen, sonnengetrockneten, scharfen Chilis gewonnen. Es macht Ihre Gerichte würzig und aromatisch, aber benutzen Sie es sparsam, es ist scharf! Es wird gerne in mexikanischen und indischen Gerichten verwendet. Erhältlich in Supermärkten und Lebensmittelläden.

Chilischoten Es gibt Hunderte von verschiedenen Chilis, in allen möglichen Geschmacksrichtungen, von süß bis feurig-scharf. Die Kerne und die inneren weißen Scheidewände sind die schärfsten Teile, daher wird in vielen Rezepten empfohlen, sie zu entfernen, um die Schärfe zu reduzieren.

Chinesische Schwarzbohnen sind mit Malz und Salz fermentierte

Sojabohnen mit einem starken, salzigen Geschmack. Sie sind in der chinesischen und indonesischen Küche sehr beliebt, besonders als Grundlage für Schwarzbohnensauce (Lee Kum Kee). Chinesische Schwarzbohnen sind in chinesischen und südasiatischen Lebensmittelläden erhältlich.

Choy Sum Auch Raps genannt. Aus seinen Samen wird Rapsöl gewonnen. Eine in Ostasien geläufige, schmackhafte Gemüsesorte, die vor allem in der chinesischen und japanischen Küche verwendet wird. Erhältlich zu jeder Jahreszeit in chinesischen Lebensmittelläden.

Couscous (auch: Kuskus) wird aus Grieß hergestellt; in nordafrikanischen und nahöstlichen Gerichten sehr beliebt und ausgiebig verwendet. Erhältlich in Supermärkten und nahöstlichen Lebensmittelläden.

Curryblätter sind höchst aromatisch, wenn man sie frisch verwendet. Sie sind besonders in der südindischen Küche beliebt und werden normalerweise zusammen mit Senfkörnern und Asafötida in Öl angebraten und zum Würzen von Dhalsuppen, Chutneys oder Gemüsegerichten verwendet. In indischen Lebensmittelläden erhältlich.

Fenchelsamen werden besonders in der indischen Küche verwendet. Sie haben einen angenehm süßen Duft ähnlich dem von Anis und werden gerne für Gemüsegerichte, Dhalsuppen und Gebäck benutzt. Die Samen sind in Supermärkten und indischen Lebensmittelläden erhältlich.

Garam Masala Eine Mischung aus gerösteten und gemahlenen Gewürzen, die in der indischen Küche häufig verwendet wird. Sie besteht aus getrockneten Chilis, schwarzem Pfeffer, Kardamom, Koriander, Zimt, Nelken und Kreuzkümmel (oder anderen Zutaten, je nach Region) und hat eine wärmende Wirkung. Garam Masala wird der Speise am Ende der Zubereitung beigefügt. Es ist in indischen Lebensmittelläden und guten Supermärkten erhältlich.

Ingwer Frische Ingwerwurzeln haben ein süßes Aroma und einen scharfen, reinen Geschmack. Sie finden in vielen Küchen Verwendung. Junger, „grüner“ Ingwer wird sehr geschätzt, weil er frei von Fasern und mild im Geschmack ist. Reife Ingwerwurzeln sind allerdings in

Supermärkten und asiatischen Lebensmittelläden leichter erhältlich. Gemahlener Ingwer kann frischen Ingwer nicht ersetzen, da er seine ätherischen Öle verloren hat, oftmals fad schmeckt und manchmal sogar gestreckt ist.

Jasminreis Ein langkörniger, aromatischer weißer Reis aus Thailand. Gekocht ergibt er große, weiche, flockige Körner. Zu finden in gut ausgestatteten Supermärkten und asiatischen Lebensmittelläden.

Kaffir-Limetten Die Frucht des südostasiatischen Baumes namens *Citrus Hystrix* ist keine echte Limette. Man verwendet sie in noch unreifem Zustand. Die Frucht hat wenig Saft, doch auch die Schale und die Blätter sind für Currys, Suppen und Salate eine beliebte Beigabe. Sie wird auch Makrut-Limette genannt und ist in südostasiatischen Lebensmittelläden erhältlich.

Kalamata-Oliven Große, tiefschwarze Oliven mit spitz zulaufendem Ende und einer glänzenden Haut. Sic sind nach einer Küstenstadt im Süden Griechenlands benannt, in deren Region sie wachsen. Kalamata-Oliven sind in der griechischen Küche sehr beliebt, sind sehr schmackhaft und vollmundig. Sie sind in gut ausgestatteten Supermärkten und internationalen Lebensmittelläden erhältlich.

Kardamom Die aromatischen Samen der Frucht der Tropenpflanze *Elettaria Cardamomum.* Duft und Geschmack von Kardamom erinnern an Zitronenschale und Eukalyptus. Kardamom ist in Gerichten aus Nahost sehr beliebt. In der indischen Küche wird es in Reis, Milchdesserts und Halava verwendet. Kardamom verleiht einen frischen Atem und wird nach dem Essen zur Verdauungsförderung gekaut. Er ist entweder in der Schote (grün oder hell), als Samen oder gemahlen erhältlich. Ich empfehle es, ganze Schoten zu kaufen und die Schale selbst zu entfernen. In indischen oder nahöstlichen Lebensmittelläden gibt es den frischsten Kardamom.

Kichererbsen In der spanischen Küche *Garbanzo*-Bohnen und in der italienischen Küche *Ceci* genannt.. Kichererbsen müssen vor dem Kochen eingeweicht werden. Sie werden in Küchen aller Welt gern verwendet und sind in vielen Supermärkten sowie in internationalen, indischen und nahöstlichen Lebensmittelläden erhältlich.

Kichererbsenmehl Ein feines Mehl aus gemahlenen und gerösteten Kichererbsen. Es wird gerne in der indischen Küche für Ausbackteig, als Bindemittel sowie für Süßspeisen verwendet. Auch als Besan und im Englischen als *gram-flour* bekannt. Erhältlich in indischen Lebensmittelläden.

Kokosmilch In der indonesischen Küche auch *Santan* genannt. Kokosmilch wird aus frischem Kokosmark gewonnen und gerne in südasiatischen, indischen und indonesischen Gerichten verwendet. In der Dose in Supermärkten und asiatischen Lebensmittelläden erhältlich.

Korianderblätter Auch *Cilantro* genannt. Koriander gehört neben Petersilie zu den in der Welt am häufigsten verwendeten Kräutern. Frische Korianderblätter findet man in Supermärkten und internationalen Lebensmittelläden.

Koriandersamen Das beliebteste Gewürz in indischen, griechischen und einigen lateinamerikanischen Küchen. In Form von ganzen Samen oder gemahlen erhältlich. Ich empfehle, die ganzen Samen zu kaufen und sie selbst zu mahlen. Koriandersamen werden in indischen und nahöstlichen Lebensmittelläden sowie in gut ausgestatteten Supermärkten verkauft.

Kreuzkümmelsamen Kreuzkümmelsamen haben einen warmen, aromatischen und leicht bitteren Geschmack und finden in der indischen, nahöstlichen und südamerikanischen Küche vielfache Verwendung. Geschmack und Aroma entfalten sich am besten, wenn man die Samen röstet und dann in heißes Öl gibt. In indischen oder nahöstlichen Lebensmittelläden sowie in gut ausgestatteten Supermärkten erhältlich.

Kurkuma Ein feines, aromatisches, gelbes Pulver (zuweilen auch Turmerik genannt) und eine wichtige Zutat in der asiatischen, besonders der indischen Küche. Es verleiht jedem Gericht eine leuchtend gelbe Farbe und einen leicht bitteren, scharfen Geschmack. In gut ausgestatteten Supermärkten und indischen Lebensmittelläden erhältlich.

Mungbohnen Proteinreiche, ovale Bohnen mit grüner Schale, die oft zum Keimen verwendet werden. Ganze grüne Mungbohnen eignen sich hervorragend für Eintöpfe und Suppen wie auch für indische Bohnengerichte. In zwei Hälften geteilt, kennt man sie auch als Mung-Dhal, eine beliebte Zutat der indischen Küche. Sie sind ganz oder halbiert in indischen oder asiatischen Lebensmittelläden oder Spezialitätenläden erhältlich.

Pinienkerne haben einen delikaten, nussigen Geschmack und sind vor allem in Italien, Spanien und im Nahen Osten als Küchenzutat beliebt. Sie sind in Supermärkten, Feinkostläden und internationalen oder nahöstlichen Lebensmittelläden erhältlich.

Pok Choi Chinesischer Senfkohl. Diese kleine Kohlsorte hat dunkle, grüne Blätter und breite, weiße Stängel, die sich am Ende des Strunks zusammenfügen. Je kleiner der einzelne Kohl, desto köstlicher ist der Geschmack. Pok Choi ist in vielen Supermärkten und in chinesischen Lebensmittelläden erhältlich.

Rosenwasser Eine verdünnte Essenz von Blättern stark duftender Rosen wie *Rosa damascena* und *Rosa centifolia*. Erhältlich in nahöstlichen und indischen Lebensmittelläden.

Sauerampfer Der zur Rhabarberfamilie gehörende Sauerampfer hat einen erfrischenden, leicht bitteren, sauren Geschmack, der ein wenig an Spinat erinnert. Er sollte immer nur so kurz wie möglich gekocht werden, damit der frische Geschmack erhalten bleibt. Wenn Sie ihn roh einem Salat beifügen, sollten Sie nur die jungen, zarten Blätter auswählen. Erhältlich in Supermärkten, Feinkostläden und nahöstlichen oder internationalen Lebensmittelläden.

Senfkörner Die Senfkörner, die in diesem Buch verwendet werden, sind die runden, braunen Samenkörner der Pflanze namens *Brassia juncea*, die üblicherweise in der indischen Küche verwendet werden. In indischen Lebensmittelläden erhältlich.

Tamarinde Das aus den braunen Schoten des Tamarindenbaumes gewonnene Mark. Das frische Mark hat einen sauren, fruchtigen Geschmack und ist in der indischen und indonesischen Küche äußerst beliebt. Man erhält es in Blöcken oder als Konzentrat. Tamarinde eignet sich hervorragend für süßsaure Chutneys oder Saucen, kann aber auch in Gemüsegerichten und Currys verwendet werden. Tamarinde ist in seinen unterschiedlichen Formen in indischen oder südostasiatischen Lebensmittelläden erhältlich.

Tofu wird in der chinesischen, japanischen, koreanischen und indonesischen Küche verwendet. Diese weiße, fast geschmacks- und geruchsneutrale Spezialität wird aus Sojabohnen hergestellt. Tofu wird meistens in chinesischen Lebensmittelläden verkauft, findet sich aber auch in vielen Supermärkten, Reformhäusern und Feinkostläden.

Vietnamesischer Koriander Dieses scharfe Kraut ist auch als *Laksa*-Blatt, *Daun Laksa* oder *Daun Kesum* bekannt und ist in vietnamesischen Lebensmittelläden als *Rau-Ram* erhältlich. Die Blätter sind schmal und laufen spitz zu. In der vietnamesischen Küche wird dieses Kraut nicht gekocht, sondern in Salaten oder als frische Beilage zu vietnamesischen Frühlingsrollen genossen.

Zitronengras Zitronengras gehört zu den beliebtesten Kräutern Südostasiens und wird normalerweise in einem Bund von drei oder vier blätterlosen Stängeln verkauft. Suchen Sie nach festen Stängeln ohne Falten. Der knollige untere Stängel, cremefarben bis blassgrün, ist der Teil, der benutzt wird. Sollten Sie kein Zitronengras finden, können Sie es durch zwei oder drei Streifen dünn geschälter Zitronenschale pro Stängel ersetzen.

Nachwort

Die sorgsame Zubereitung und freigebige Verteilung von *prasāda* (vegetarische, Kṛṣṇa geopferte Speisen) sind seit jeher ein wesentliches Element der vedischen Kultur. Seit 1966 folgen auch die Mitglieder der Internationalen Gesellschaft für Krishna-Bewusstsein (ISKCON) dieser Tradition und haben bislang 150 Millionen Portionen nahrhafter Speise kostenlos verteilt, über neunzig vegetarische Restaurants eröffnet, über dreißig vegetarische Farmgemeinschaften gegründet und einer breiten Öffentlichkeit durch Bücher, Zeitschriften und Filme den Wert der vegetarischen Ernährung eröffnet. Auch betreiben viele Anhänger der Kṛṣṇa-Religion die Verteilung von *prasāda* geschäftlich und verkaufen eine Vielfalt von gesunden, nahrhaften und naturbelassenen Nahrungsmitteln und Speisen (Partyservice, Catering etc.). All dies macht die Internationale Gesellschaft für Krishna-Bewusstsein, mit ihrem einzigartigen spirituellen Ansatz zur Lösung der Ernährungsfrage, zur führenden und am besten organisierten Kraft für den Vegetarismus in der heutigen Welt.

Das Sonntagsfest

Der Gründer-Ācārya (spirituelle Meister) der Hare-Kṛṣṇa-Bewegung, Śrīla Prabhupāda, hat 1966 das berühmte Sonntagsfest ins Leben gerufen. Im ersten Kṛṣṇa-Tempel in der westlichen Welt, in der Lower East Side in New York, hat er persönlich mitgeholfen, das umfangreiche Menü zu kochen. Bald nahmen drei- oder vierhundert Menschen an diesen Festen teil. Normalerweise bestand ein Festmenü aus den folgenden Gerichten:

Puris – ein leichtes Vollkornfladenbrot, in Ghee frittiert
Pushpanna-Reis – ein opulentes Reisgericht mit Nüssen und Gewürzen
Samosas – frittierte Teigtaschen, gefüllt mit Blumenkohl, Kartoffeln oder Erbsen
Pakoras – Gemüse im Kichererbsenteigmantel, in Ghee frittiert

Zwei oder drei Sabjis – gekochte Gemüsegerichte, oftmals mit hausgemachten Käsewürfeln bestückt
Khir – ein Dessert aus süßer, kondensierter Milch
Burfi – eine süßes Milchkonfekt
Lassi – ein kühlendes Joghurt-Frucht-Getränk

Im Jahr 1967 eröffneten Hare-Kṛṣṇa-*bhaktas* ihren zweiten Tempel im Bezirk Haight-Ashbury in San Francisco, wo sie täglich kostenlose *prasāda*-Speisen an über 250 Menschen verteilten. In den frühen 70er Jahren hatte sich das ISKCON-Sonntagsfest als wöchentliches Ereignis zusätzlich in vielen Großstädten auf der ganzen Welt eingebürgert, wie etwa in Boston, Washington D.C., Los Angeles, San Diego, Mexico City, Montreal, London, Paris, Rom, Amsterdam, Frankfurt, Nairobi, Kalkutta, Bombay, Sydney, Melbourne und Rio de Janeiro. Sonntagsfeste werden auch heute noch in beinahe allen ISKCON-Zentren auf der ganzen Welt gefeiert. Śrīla Prabhupāda hat die Hare-Kṛṣṇa-Bewegung oftmals unbeschwert als „die Küchenreligion" bezeichnet und damit seine Zufriedenheit darüber ausgedrückt, wie gut seine Nachfolger seinen Wunsch, die Welt mit *prasāda* zu überfluten, in die Tat umgesetzt haben.

Auch Sie sind zum Sonntagsfest in den Zentren der Hare-Kṛṣṇa-Bewegung herzlich willkommen.

Festivals

Zusätzlich zu ihrer Verteilung von *prasāda* bei den Sonntagsfesten in ISKCON-Tempeln begannen die Kṛṣṇa-*bhaktas* auch, ihre spirituelle Nahrung auf vielfache Weise einer breiteren Öffentlichkeit bekannt zu machen. Seit den Zeiten von Woodstock haben sie an großen Freilichtfestivals *prasāda*-Küchen errichtet, um die Besucher mit kostenlosen vegetarischen Speisen zu versorgen. Zu Ereignissen wie etwa dem US-Festival in Kalifornien, dem Glastonbury-Festival bei Stonehenge (England), dem Sweetwaters-Festival in Neuseeland, auf großen Friedensveranstaltungen in Deutschland, überall in Polen, dort besonders auf dem polnischen Woodstock-Festival in einem eigenen Kṛṣṇa-Friedensdorf, sowie auf kulturellen Veranstaltungen im gesamten Mittel- und Südamerika haben Kṛṣṇa-*bhaktas* tausende Teller *prasāda* serviert. Auf vielen Gesundheits- oder Nahrungsmittelmessen, auf Kongressen oder ähnlichen Veranstaltungen werden die Besucher von ISKCON-Mitgliedern mit *prasāda* verköstigt. Doch die Hare-Kṛṣṇa-Bewegung organisiert auch ihre eigenen großen Festivals wie etwa das *Ratha-Yātrā*-Wagenfest, welches jährlich in vielen Metropolen überall auf der Welt stattfindet. Auf jedem dieser Ereignisse teilen *bhaktas* zehntausende Portionen köstlicher vegetarischer Speisen aus. Scott Smith, der ehemalige Mitherausgeber der *Vegetarian Times*, schrieb einmal: „Die Hare-Krishna-Köche sind die einzigen Essensverteiler, die auf Massenveranstaltungen einen außergewöhnlich hohen Qualitätsstandard einhalten, selbst dann, wenn sie zwölftausend Menschen auf einmal speisen." Als der ISKCON-Tempel in Los Angeles ein Tennisturnier der National Kidney Foundation mit *prasāda* belieferte, schrieb der Turniervorsitzende, das Essen sei „in Sachen Geschmack und Gesundheit ausgezeichnet" gewesen.

Restaurants

In den frühen 80er Jahren hatten Mitglieder der Hare-Kṛṣṇa-Bewegung in Orten wie Paris, London, Bombay, Melbourne, Sydney, New York, San Francisco, San Diego, Toronto, Montreal und in Prabhupādas Palace of Gold in West Virginia Restaurants (meistens Govinda's) eröffnet. Jedes Restaurant baute einen stetigen, zufriedenen Kundenstamm auf, und Restaurantkritiker zollten ihnen in führenden Zeitschriften uneingeschränktes Lob.

Es gibt auch viele ähnliche Restaurants in Europa. Das Govinda's in Dublin etwa hat eine Reihe von höchst positiven Kritiken erhalten, wie zum Beispiel eine Aufnahme in die Liste *Best Restaurants* der Zeitschrift *The Dubliner*. Auch der *Evening Herald* schrieb: „Wie wär's mit einem Besuch bei einem preiswerten Café-Restaurant, das in fast jedem Reiseführer über Dublin positiv erwähnt wird? … Erleben Sie ein außergewöhnlich ausgelassenes Küchenteam, eine gemütliche Atmosphäre zum Essen und ein vorzügliches Menü. … Jeder Bissen war eine Offenbarung. … Es versteht sich von selbst, dass wir das Govinda's mit vollem Bauch verließen … und beinahe so glücklich wie das Küchenteam. Das nennen wir jetzt den Om-Faktor!" *The Irish Times* schrieb: „Was man im Govinda's auf der Aungier Street in Dublin antrifft, ist Gute-Laune-Kost. Die … Hare-Krishnas kochen mit ernsthafter Hingabe – ein echtes Friedensmahl."

Das Govinda's in Swansea wird auf ähnliche Weise gelobt: „[Das Essen] war anders, aber köstlich. … Der Besuch war eine wahre Entspannung, und das Essen fühlt sich immer leicht, frisch und rein an" *(South Wales Evening Post)*. Das Govinda's in London wurde als „ein ruhiges, gesundes und harmonisches Restaurant" beschrieben.

Über Hare-Kṛṣṇa-Restaurants in den USA wurden ebenfalls positive Stimmen laut. So wurde das Kalachandji's in Dallas von einem Kritiker mit der Bewertung „eine angenehme Überraschung" versehen. Das Menü in Govinda's Natural Foods in Los Angeles wurde von der *Los Angeles Times* als „Speisen der Götter" bezeichnet und über das Restaurant in Detroit hieß es: „… ein prachtvolles Essen, ein Fest der Kultur und des Glücks".

Heutzutage gibt es weltweit über neunzig ISKCON-Restaurants. Sie alle wollen ihren Gästen eine angenehme Atmosphäre zum Essen bieten, doch ihr Hauptanliegen ist es, gesundes und köstliches *prasāda* von hoher Qualität anzubieten, das sich jeder leisten kann.

Weiterführende Literatur

Die Mitglieder der Hare-Kṛṣṇa-Bewegung haben Millionen von Menschen auf der ganzen Welt mit *prasāda* bekannt gemacht. Zusammen mit dieser geheiligten Nahrung haben sie weltweit hochrelevante Bücher über das vedische Wissens wie die *Bhagavad-gītā*, das *Śrīmad-Bhāgavatam* und das *Caitanya-caritāmṛta* verbreitet, welche das Gesetz des Karmas, die Lehre der *ahiṁsā* (Gewaltlosigkeit) und andere spirituelle Grundlagen des Vegetarismus vollständig erklären. Wir möchten Sie bitten, diese Bücher zu lesen, um Ihr Verständnis von der Lehre des Kṛṣṇa-Bewusstseins zu vertiefen, in der die geweihte Nahrung einen zentralen Platz einnimmt.

Die Autoren

Mukunda Goswami ist Buchautor, Forscher und Redakteur und gehörte zu den ersten Mitgliedern der Internationalen Gesellschaft für Krishna-Bewusstsein. Er hat in 38 Ländern Vorträge gehalten und zahlreiche Artikel für Zeitungen und Magazine über Spiritualität und Zeitgeschehen verfasst. Er ist u.a. Mitverfasser von *Divine Nature: A Spiritual Perspective on the Environmental Crisis* und *Coming Back: The Science of Reincarnation*. Heute lebt er als Schriftsteller in Australien.

Drutakarmā Dāsa (Michael A. Cremo) forscht auf dem Gebiet der Geschichtswissenschaften für das Bhaktivedanta Institute, den wissenschaftlichen Zweig der Internationalen Gesellschaft für Krishna-Bewusstsein (ISKCON). Er hat auf internationalen Konferenzen Artikel über vedische Umweltphilosophie präsentiert und ist Autor der Bücher *Human Devolution: A Vedic Alternative to Darwin's Theory* und *Forbidden Archaeology* (mit Richard L. Thompson; dt.: *Verbotene Archäologie,* Bechtermuenz Verlag 1996). Er hat in der Royal Institution in London, an der Russischen Akademie der Wissenschaften in Moskau sowie an anderen wissenschaftlichen Instituten und Universitäten in aller Welt Vorträge gehalten. Er ist Mitglied der *History of Science Society*, der *Philosophy of Science Association* und des *World Archaeological Congress.* Drutakarmā wurde 1948 geboren und 1976 von Śrī Śrīmad A. C. Bhaktivedanta Swami Prabhupāda als Schüler eingeweiht.

Kūrma Dāsa ist weltweit einer der führenden Vertreter der vegetarischen Küche. Der „Vegetarier-Guru Australiens" beschäftigt sich seit 40 Jahren mit der vegetarischen Küche, schreibt Kochbücher, unterrichtet die Teilnehmer seiner Kurse und ist international in Fernsehshows präsent. Auf innovative Weise widerlegt Kūrma beharrlich die veraltete Ansicht, vegetarisches Essen sei langweilig. Er lebt in Sydney, Australien.

Die klar erläuterten Rezepte in Kūrmas auf der gegenüberliegenden Seite abgebildeten Kochbüchern nehmen den Leser mit auf eine kulinarische Weltreise. Kūrma hat außerdem zwei Rezeptkartensets veröffentlicht: *Quick Vegeterian Cards* und *Cooking with Kurma Vegi Cards.* Mehr Information hierzu finden Sie unter www.kurma.net.

Bhūtātmā Dāsa (Dr. Austin Gordon) ist Professor für politische Philosophie und Kommunikation an der California State University in Fullerton. Nach seiner Einweihung von Śrī Śrīmad A. C. Bhaktivedanta Swami Prabhupāda 1971 reiste er sieben Jahre lang ausgiebig durch ganz Indien und Ostasien, um spirituelle Traditionen und Meditation zu studieren. Später war er im Bereich Öffentlichkeitsarbeit der ISKCON tätig. Neben Veröffentlichungen von Artikeln in seiner eigenen akademischen Disziplin ist Bhūtātmā Co-Autor und Autor mehrerer Bücher über östliches Gedankengut wie etwa *Coming Back: The Science of Reincarnation*, *Chant and Be Happy*, *The Eye of the Storm: The Power of the Undisturbed Mind.*

Weiterführende Literatur

Bhagavad-gītā wie sie ist
Die *Bhagavad-gītā,* der „Gesang Gottes“, ist die Essenz der vedischen Weisheit und gehört zu den bedeutendsten Werken der spirituellen und philosophischen Weltliteratur.

Vedische Kochkunst
133 Rezepte für alle Freunde der indisch-vegetarischen Küche, mit einer Abhandlung über Vegetarismus und spirituelle Ernährung.

Die Schönheit des Selbst
Eine Auswahl von Śrīla Prabhupādas Interviews, Essays, Vorträgen und Briefen, gut geeignet als Einführung ins Kṛṣṇa-Bewusstsein.

Bhakti-Yoga
Der Pfad des spirituellen Lebens
In 26 Vorträgen, Gesprächen und Essays weist Śrīla Prabhupāda auf die Wichtigkeit von *ātmā-jñāna,* das Wissen vom Selbst, hin.

Bei den folgenden Adressen können Sie diese und weitere Bücher, CDs, DVDs und anderes Begleitmaterial beziehen:

ISKCON, Postfach 1172, 55759 Birkenfeld, Deutschland
Tel./Fax (0)6782 5957 • hkd@pamho.net • www.krishna.de

Sankirtan-Verein, Bergstrasse 54, 8032 Zürich, Schweiz
Tel. (0)44 2623790 • Fax (0)55 5330185 • sa-ve@pamho.net • www.sa-ve.ch